أثر التمكين على فاعلية المنظمة

تأليف
الأستاذ عماد علي المهيرات

المملكة الأردنية الهاشمية
رقم الإيداع لدى دائرة
المكتبة الوطنية
(2009/6/2819)

352.39
المهيرات, عماد علي
أثر التمكين على فاعلية المنظمة/ عماد علي المهيرات
عمان : دار جليس الزمان 2009.
(   )ص.
ر.أ.: (2009/6/2819)
الواصفات: إدارة الأفراد // الإدارة العامة

- أعدت دائرة المكتبة الوطنية بيانات الفهرسة والتصنيف الأولية

ردمك ISBN 978-9957-81-004-7

الطبعة الأولى
2010
الناشر
دار جليس الزمان للنشر والتوزيع
شارع الملكة رانيا- مقابل كلية الزراعة- عمارة العساف- الطابق الأرضي, هاتف:
0096265356219 فاكس -- 009626 5343052

(وكذلك مكنا ليوسف في الأرض يتبوأ منها حيث يشاء
نصيب برحمتنا من نشاء ولا نضيع أجر المحسنين)

يوسف: ٥٦

عن أبي أمامة رضي اللـه عنه أن رسول اللـه صلى اللـه عليه وسلم قال: « فضل العالم على العابد كفضلي على أدناكم»

ثم قال رسول اللـه صلى اللـه عليه وسلم: «إن اللـه وملائكته وأهل السموات والأرض حتى النملة في حجرها وحتى الحوت ليصلون على معلمي الناس الخير»

رواه الترمذي عن أبي إمامة رضي اللـه عنه

الإهـــداء

أهدي هذا العمل خالصا لله سبحانه وتعالى الذي علم الإنسان ما لم يعلم

ثم إلى

من علمني قيمة العلم وزرع في قلبي الأيمان والإخلاص والصدق ومحبة نبينا
محمد(صلى الله علية وسلم)

أبي الغالي

إلى الشمعة التي لم تتوانى عن إضاءة طريقي وتحملت عناء التعب رغم كل
الصعاب إلى القلب الحنون

أمي الغالية

إلى من سهرت معي الليالي وتحملت عناء الحياة وقسوتها

زوجتي الغالية

إلى الغالي والحبيب ابني "علي"

إلى أخواني وأخواتي الأعزاء

إلى كل من ساندني من أقربائي وأصدقائي

أهدي هذا الجهد المتواضع

الفصل الأول

مشكلة الدراسة وأهميتها

1-1 المقدمة

2-1 مشكلة الدراسة

3-1 أهداف الدراسة

4-1 أهمية الدراسة

5-1 الفرضيات

6-1 التعريفات الإجرائية لمصطلحات الدراسة

1_7 نموذج الدراسة

1- مشكلة الدراسة وأهميتها

1-1 المقدمة:

يعد الجانب الإنساني وإدارة الموارد البشرية موضوعا مهما, لأن الإنسان هو المسؤول الأول والأخير عن نجاح أو فشل أي شركة أو مؤسسة من المؤسسات أو دولة من الدول لذلك كان الاهتمام به وبتوجيهه وتحفيزه من الأمور التي تفوق أهميتها كل القضايا الأخرى المتعلقة بالمؤسسة.

وإن القضايا المتعلقة بالبعد البشري كثيرة جدا وإدارة الموارد البشرية موضوع معروف ومطروق في كتب الإدارة بأشكال كثيرة متعددة وتجمع في مجملها على أهمية الاختيار والانتقاء ووضع الرجل المناسب في المكان المناسب وتطوير الإمكانيات والتدريب والمحافظة على الموظفين وإعطائهم الحوافز والمكافآت المادية والمعنوية إلى غير ذالك من أساليب ,لتحفيز وتطوير الأداء والعلاقات العمالية.

لكنه يبرز من بين هذه القضايا موضوع ما زالت الإدارات العالمية في شركات العالم تتناوله بحذر مرات وبشكوك مرات أخرى وريبة أحيانا وباهتمام ورعاية أحيانا ثانية, وهو موضوع التمكين في الإدارة (ملحم 2006).

وقد أصبح موضوع التمكين محط اهتمام من قبل الباحثين وذلك لترسيخ روح المشارك والتفاعل فيما بين الموظفين من خلال فرق العمل ؛ إذ يكون التمكين البنية الأساسية التي تمكن الموظف من ممارسة السلطة الكاملة , وتحمل مسئوليات وظيفته ليشكل بذلك أحد الأعمدة التي تقوم عليها إستراتيجية المنظمة لمواجهة التحديات والتطورات البيئية.

ولا بد للمنظمات من تبني فلسفة إدارية تقوم على استقطاب الأفراد وتطويرهم , من خلال إعداد برامج تدريبية , واتباع سياسات لتمكينهم إداريا في الوظائف التي يشغلونها , تمهيدا لتفويضهم صلاحيات القيام بالعمل, وتحمل مسؤولياته, ليكون بمقدور الإدارة الاعتماد عليهم وجعلهم شركاء حقيقيين في إدارة منظماتهم (فندي, 2003).

وعليه جاءت هذه الدراسة للبحث عن اثر التمكين على فاعلية المنظمة لدى مناطق أمانة عمان الكبرى نظرا لما يتميز به هذا الموضوع من حداثة وأهمية بالنسبة للمؤسسات الخدمية.

2-1 مشكلة الدراسة:

بعد التحول الكبير في مهام المنظمات الإدارية, والانتقال من الدور التقليدي إلى الدور الحديث, الأمر الذي أصبحت فيه عمليات إدارة هذه المنظمات على درجة كبيرة من التعقيد.ولما كانت ظاهرة السلطة العامة تتجسد بأيدي أفراد قلائل , وهم من يمارسون السلطة باتخاذ القرارات , وتحمل المسؤوليات , فقد أدى اتساع نطاق الخدمات وتشعبها في كل الاتجاهات إلى توسيع نطاق هذه القاعدة لتشمل توزيع السلطة بين العدد الأكبر من الأفراد القائمين بشؤونها. ذلك انه لم يعد من واجب الإدارة العليا الانشغال بالأمور اليومية , بل أصبح عليها التركيز على القضايا الإستراتيجية طويلة الأمد.

لذلك فأن أمانة عمان الكبرى تقوم بإرسال موظفيها إلى مراكز تدريبية وعقد اللقاءات الثقافية بحيث تعمل على ترسيخ مبدأ المشاركة والارتقاء بالعاملين إلى درجة تمكنهم من تحمل المسؤولية وليس هذا فحسب بل أنشأت مركز تدريبي تابع للمؤسسة يقوم هذا المركز بإعطاء جميع الدورات التدريبية التي

يحتاجها العاملين لكي تبقى على معرفة تامة بقدرات موظفيهم وحاجاتهم .

وبشكل أكثر تحديدا, تلخصت مشكلة الدراسة في محاولة الإجابة عن التساؤلات التالية:

1. ما مستوى التمكين لدى مديري مناطق أمانة عمان الكبرى؟
2. ما مستوى فاعلية أمانة عمان الكبرى؟

3-1 أهداف الدراسة:

تهدف هذه الدراسة إلى تحقيق الأهداف التالية:

1. تقديم أطار نظري مناسب يوضح مفهوم التمكين وأهميته ومفهوم الفاعلية.
2. التعرف إلى مستوى التمكين لدى مديري مناطق أمانة عمان الكبرى.
3. التعرف إلى مستوى فاعلية أمانة عمان الكبرى.
4. استقصاء اثر التمكين بأبعاده في تعزيز فاعلية أمانة عمان الكبرى.
5. بيان درجة اختلاف كل من التمكين والفاعلية في أمانة عمان الكبرى باختلاف الخصائص الديموغرافية .
6. تقديم توصيات ومقترحات لأصحاب القرار الذي يهدف إلى توضيح مفهوم التمكين وإزالة المخاوف من تطبيقه كممارسة إدارية في مناطق أمانة عمان الكبرى.

4-1 أهمية الدراسة:

تتبلر أهمية الدراسة بالتعرف على أثر التمكين على فاعلية المنظمة باعتبارها احد المواضيع الحيوية في حياة المنظمات حيث يعتبر مفهوم التمكين من المفاهيم والموضوعات الحديثة , والتي تحاول المنظمات الاخذ به ودراسته وبيان أهميته . وربما إن أثر التمكين على فاعلية المنظمة من الدراسات التي لم تحظى باهتمام باحثين آخرين خاصة في أمانة عمان الكبرى بشكل مباشر في حدود علم الباحث.

فقد استدعى ذالك ضرورة دراسته هذه العلاقة والتعرف إلى مستوى إدراك القادة الإداريين لمفهوم التمكين وأهم المعوقات التي تواجه تطبيق هذا المفهوم. وبكلمات أخرى تنبثق أهمية هذه الدراسة من خلال ما يلي:

1. أهمية دراسة موضوع التمكين والذي ظهر في مستهل العقد الأخير من القرن العشرين والمعوقات التي تواجه تطبيق هذا المفهوم.
2. أهمية التعرف إلى اثر التمكين بأبعاده (العمل الجماعي ، وتطوير الشخصية، والتقليد والمحاكاة، والسلوك الإبداعي،وتفويض السلطة،والتحفيز الذاتي)على فاعلية المنظمة بأبعاده (تحديد المشكلة ، وتقييم البدائل وتطويرها، ومدى تحقيق الأهداف, القدرة على التكيف مع البيئة، تقديم الخدمات بجودة عالية).
3. ندرة الدراسات العربية والأردنية على حد علم الباحث حوله بيان علاقة التمكين بالفاعلية بشكل تطبيقي.
4. تقديم مجموعة من التوصيات في ضوء الاستنتاجات التي توصلت إليها الدراسة الحالية والتي تسهم في مساعدة متخذي القرارات مع تعزيز دور التمكين في تحقيق فاعلية الأمانة.

5-1 الفرضيات:

لتحقيق أهداف الدراسة والإجابة على أسئلتها فقد تم صياغة عدد من الفرضيات بصورتها العدمية.

الفرضية الرئيسية الأولى:

لا يوجد أثر ذو دلالة إحصائية عند مستوى دلالة ($\alpha \leq 0.05$) للتمكين بأبعاده (العمل الجماعي، وتطوير الشخصية، والتقليد والمحاكاة، والسلوك الإبداعي، وتفويض السلطة، والتحفيز الذاتي) على فاعلية أمانة عمان الكبرى بأبعادها (تحديد المشكلة، وتقييم البدائل وتطويرها، وتحقيق الأهداف، والقد على التكيف مع البيئة، وتقديم الخدمات بجودة عالية).

الفرضيات الفرعية المنبثقة عنها:

1. لا يوجد أثر ذو دلالة إحصائية عند مستوى دلالة ($\alpha \leq 0.05$) للتمكين بأبعاده (العمل الجماعي، وتطوير الشخصية، والتقليد والمحاكاة، والسلوك الإبداعي، وتفويض السلطة، والتحفيز الذاتي) على تحديد المشكلة في أمانة عمان الكبرى.
2. لا يوجد أثر ذو دلالة إحصائية عند مستوى دلالة ($\alpha \leq 0.05$) للتمكين بأبعاده (العمل الجماعي، وتطوير الشخصية، والتقليد والمحاكاة، والسلوك الإبداعي، وتفويض السلطة، والتحفيز الذاتي) على تقييم البدائل وتطويرها في أمانة عمان الكبرى.
3. لا يوجد أثر ذو دلالة إحصائية عند مستوى دلالة ($\alpha \leq 0.05$) للتمكين بأبعاده (العمل الجماعي، وتطوير الشخصية، والتقليد والمحاكاة، والسلوك

الإبداعي، وتفويض السلطة، والتحفيز الذاتي) على تحقيق أهداف أمانة عمان الكبرى.

4. لا يوجد أثر ذو دلالة إحصائية عند مستوى دلالة ($\alpha \geq 0.05$) للتمكين بأبعاده (العمل الجماعي، وتطوير الشخصية، والتقليد والمحاكاة، والسلوك الإبداعي، وتفويض السلطة، والتحفيز الذاتي) على القدرة على التكيف مع البيئة في أمانة عمان الكبرى.

5. لا يوجد أثر ذو دلالة إحصائية عند مستوى دلالة ($\alpha \geq 0.05$) للتمكين بأبعاده (العمل الجماعي، وتطوير الشخصية، والتقليد والمحاكاة، والسلوك الإبداعي، وتفويض السلطة، والتحفيز الذاتي) على تقديم الخدمات بجودة عالية في أمانة عمان الكبرى.

الفرضية الرئيسية الثانية:

لا توجد فروق ذات دلالة إحصائية لمستوى دلالة ($\alpha \geq 0.05$) في مستوى التمكين في أمانة عمان الكبرى تعزى للمتغيرات الديموغرافية (الجنس، العمر، المؤهل العلمي، الخبرة).

الفرضية الرئيسية الثالثة:

لا توجد فروق ذات دلالة إحصائية لمستوى دلالة ($\alpha \geq 0.05$) في مستوى فاعلية أمانة عمان الكبرى تعزى للمتغيرات الديموغرافية (الجنس، العمر، المؤهل العلمي، الخبرة)

6-1 التعريفات الإجرائية لمصطلحات الدراسة:

1. **تمكين العاملين:** "عملية اكتساب القوة اللازمة لاتخاذ القرارات والإسهام في وضع الخطط خاصة تلك التي تمس وظيفة الفرد واستخدام الخبرة الموجودة لدى الأفراد لتحسين أداء المنظمة.
2. **تفويض السلطة:** يعني قيام الرئيس بتحديد مهام المرؤوس، ومنحه السلطة اللازمة لتنفيذ هذه المهام، وبالتالي يستطيع المرؤوس بمقتضاها توجيه التعليمات إلى مرؤوسيه في المستوى الذي يليه في التسلسل الإداري .

3. **الفاعلية التنظيمية:** وهي درجة تحقيق المنظمة لأهدافها من خلال تبني العديد من المكونات والتي تضمن لها القدرة على تحديد المشكلة وتقييم البدائل والتكيف مع البيئة وتقديم الخدمات بجودة عالية.

1_7 نموذج الدراسة

شكل رقم (1)

الشكل التالي يوضح نموذج الدراسة.

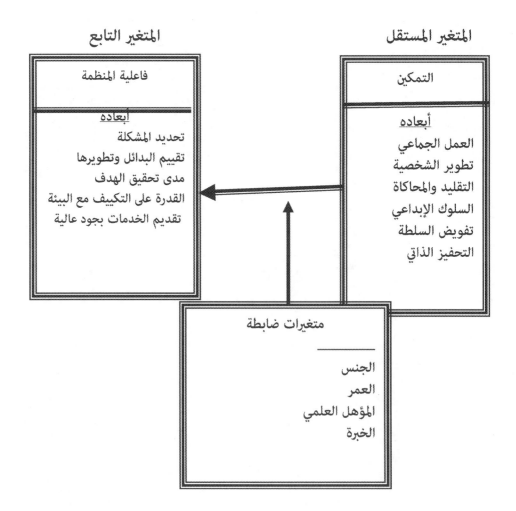

الفصل الثاني

الأدب النظري والدراسات السابقة

2-1 التمكين

2_1_1 مفهوم التمكين

2_1_2 أهمية وأسباب تمكين العاملين

2_1_3 مداخل التمكين

2_1_4 مكونات التمكين

2_1_5 خصائص التمكين

2_1_6 فوائد التمكين

2-1-7 مبادئ التمكين

2_1_8 وسائل التمكين

2_1_9 خطوات تمكين العاملين

2- الأدب النظري والدراسات السابقة

أن عـالم الإدارة أصـبح اليـوم عالمـا متغـيرا بتغـير العوامـل الاقتصـادية والاجتماعية والتقنية, فـالإدارة وليـدة البيئـة التـي تعـيش فيهـا سـلبا وإيجابـا بخصائص البيئة وتتفاعل معها تفـاعلا عضـويا. ولا تـزال التغيـيرات الكبـيرة في البيئة المحيطة بنشاط المنظمة هي الدافع الـرئيس لهـذا التطـور الجـوهري في الفكـر الإداري النظـري والتطبيقـي للمنظمـة، حيـث تصـاعدت الأهميـة الإسـتراتيجية للعـاملين في الإدارات التشـغيلية لاحتكـاكهم المبـاشر بـالمتغيرات البيئية مما اقتضى تمكينهم من التصرف مباشرة في الأمور التي تعكـس مخـاطر أو فرصا جوهرية للمنظمـة، وهنـا تـبرز فكـرة التمكـين وهـو نقـل السـلطات الكافية للعاملين لكي يتمكنوا من أداء المهام الموكولة اليهم بحريـة دون تـدخل مباشر من الادارة، مع دعم قدراتهم ومهاراتهم بتـوفير المـوارد الكافيـة ومنـاخ ملائم، وتأهيلهم فنيا وسلوكيا والثقـة فـيهم، وقيـاس الأداء بنـاء عـلى أهـداف واضحة (أفندي،2003).

2-1 التمكين:

يمثل العنصر البشري أحـد أهـم مـوارد المـنظمات في تحقيـق نجاحهـا وتنفيـذ أهـدافها، ومـن هنـا تعمـل الإدارة عـلى حسـن توجيـه الأفـراد وبنـاء قدراتهم من خلال ربط أهدافهم بأهداف المنظمة والعمـل عـلى إيجـاد منـاخ تنظيمي من شـأنه تـدعيم المشـاركة والاحـترام المتبـادل والشـعور بالمسـؤولية والانتماء وبث روح التعاون والولاء في العمـل، وقـد عملـت الحكومـات شـأنها شأن منظمات الأعمال، على تبنـي سياسـات وبـرامج مـن أجـل تنميـة قـدرات العاملين بها وتحفيزهم من أجل رفع مستوى أدائهم ودفعهم نحو تحقيق

أغـراض الإدارة وأهدافها بكفـاءة وفعاليـة. وهـذا التوجـه أطلـق عليـه التمكين "Empowerment"، وهو يعنى بالمقـام الأول بإيجـاد منـاخ تنظيمـي يشـمل رؤيـة العـاملين باعتبـارهم كيانـات بشـرية لهـا طموحاتهـا وآمالهـا ومخاوفها، والأفراد الممكنون يعاملون باحترام وتوضع آراؤهـم موضـع الاعتبـار (الخاجة، 2006).

وقد أصبحت الحاجة للتغيير في أسـاليب العمـل الإداري أكـثر إلحاحـا. كما أن للتنمية المتسارعة تأثر على المؤسسات العالمية والمحلية، وكذلك التطور المتسارع في التكنولوجيا، والتأكيد المتزايد على الجودة والمرونة في إنتاج السلعة وتقديم الخدمة جميعها تؤكد الحاجة إلى التغيير. وفي عصر العولمـة والانفتـاح الذي يميز عالم اليوم وما يترتب على ذلك من حتمية التحول من البنـاء الإداري الهرمي التقليدي إلى البناء الأكثر انفتاحا ومرونة، فقد أصبح التمكين للعاملين (Employees Empowerment) موضـع الاهتمـام والنقـاش الواسـع مـن قبـل مختلف الباحثين، وذلـك لترسـيخ روح المسـؤولية والاعتـزاز لـدى قوة العمـل. فطرحت العديد من المقترحات والأفكار وأجريت الدراسات التي تبرز الاهتمام بالتمكين. ولكي تكون المنظمات مواكبة وملائمة للظروف الراهنة، وأكـثر قابليـة للنمو والازدهار وتحقيقا للكفـاءة والفاعليـة، ومستجيبة للمتغيرات العالميـة، فقد وجدت إداراتها أن بإمكانها تقليص النفقـات، وتطـوير دوافـع العـاملين، وزيادة الإنتاجية من خلال التمكين للقوى العاملة لديها (الحراحشـة والهيتـي، 2006).

2-1-1 مفهوم التمكين:

ينظر لمفهوم التمكين مـن خـلال المـدلول اللغـوي للكلمـة، وإن كلمـة تمكين في اللغة العربية ترجع إلى الفعل (مكن) أي جعله قادرا علـى الشيـء، أو تعني إعطاء السلطة والحكم القوة   (ملحم، 2006).

كما عرفت كلمة (التمكين) من خلال الفعل يمكن (Power) بأنه مـنح السـلطة الرسـمية، كـما عـرف التمكـين مـن خـلال التركيـز علـى مكـون القـوة (Power) ضمن مصطلح التمكين، والتمكين من هذا المنطلق يشير إلى حصـول كل فرد على القوة التي كانت متمركزة في يد المدير التقليدي حتـى يمكـن أداء العمل بفعالية، فالقيمة التي يركـز عليهـا التمكـين هنا أن المشاركة في القوة تؤدي إلى المزيد من القوة(عارف، 2003).

كما أن القوة وفق المـدلول اللغـوي ارتبطـت بمفهـوم العلاقـات الـذي يصف التأثير الذي يمارسه شخص على الآخرين، فالقوة أو السـلطة هنـا كانت نتاج الاعـتماد المتبـادل بـين الأطـراف. وهـذا يعتمـد علـى فرضـية مفادهـا أن الأشخاص الذين لديهم السلطة أو القوة لديهم قدرة عالية في تحقيق أهدافهم بأنفسهم من خلال التنظيم، في حين أن الأفراد الذين تنقصهم السلطة أو القوة من المحتمل أن يحققوا أهدافهم من خـلال الاعـتماد علـى الآخـرين (الخاجـة، 2006).

واستخدم التمكين كمدخل إداري منذ بداية العقـد الأخير مـن القـرن العشرين الماضي. وبالرغم من كثرة الأبحاث التي تهدف لوضع التمكين في إطار مفاهيمي موحد قابل للتطبيق العملي، إلا أننا نجد تباينا في مدخلات

التمكين ومخرجاته بين فئة المؤيدين يعود سببه إلى تباين البيئات والثقافات والمستويات التعليمية والخبرات العلمية لهذه الفئة (خطاب، 2001).

وعرف (أفندي،2003) التمكين بأنه: "عملية إعطاء الأفراد سلطة أوسع في ممارسة الرقابة، وتحمل المسؤولية، وفي استخدام قدراتهم، من خلال تشجيعهم على استخدام القرار".وعرف (Murrel & Meredith, 2000) التمكين بأنه عندما يتم تمكين شخص ما ليتولى القيام بمسؤوليات أكبر وسلطة من خلال التدريب والثقة والدعم العاطفي.

ويرى (Cole, 1996) أن التمكين عبارة عن عملية اكتساب القوة اللازمة لاتخاذ القرارات والإسهام في وضع الخطط خاصة تلك التي تمس وظيفة الفرد واستخدام الخبرة الموجودة لدى الأفراد لتحسين أداء المنظمة.

وعرف(العديلي،2008) بأن التمكين Empowerment هو عملية إتاحة الفرصة للآخرين في زيادة قدراتهم الفردية والجماعية وتقديم أفضل ما لديهم في مجال المشاركة بالمعلومات والقرارات والمهام الإدارية وإشعارهم بالملكية للوظيفة للنمو والتطور والإبداع. وعرف (فتحي,2003) التمكين للمرؤوسين يعني تشجيعهم لينهمكوا في العمل أكثر ويشاركوا في اتخاذ قرارات ونشاطات تؤثر على أدائهم للوظيفة وتتدرج عملية التمكين من مجرد تشجيع المرؤوسين ليلعبوا دورا أكثر فعالية ونشاطا في مجال عملهم.

وعرف (orhead & Griffin,. 2001) على أنه تخويل العاملين صلاحيات وضع الأهداف الخاصة بعملهم، واتخاذ القرارات التي تتعلق بإنجازه، وحل المشاكل التي تعيق تحقيق الأهداف. وأما (Cook & Hunsaker, 2001) فقد عرفاه على أنه تهيئة الظروف التي يمارس الأفراد

من خلالها كفاءاتهم وقدراتهم في الرقابة على عملهم، مما يقوي عندهم روح المبادرة والإصرار على أداء مهام ذات معنى.

كما عرف جوش وستانلي (Goetsch & Stanley, 2000) بأنه: القرار الذي يزود الموظفين بالسلطة، والمعرفة، والمصادر، لتحقيق الأهداف.

ولقد حدد برنامج الأمم المتحدة خمسة معايير من خلالها يمكن قياس درجة أو مستوى تمكين العملاء وهي:تعزيز ثقة العملاء في أنفسهم, و زيادة قدرات العملاء ومستوى الوعي لديهم, وتعمل على تسهيل عملية تعبير العملاء عن مطالبهم, وتنمية قدرات العملاء على الاشتراك في عمليات صنع واتخاذ القرارات المرتبطة بهم, و زيادة قدرة العملاء على العمل الجماعي.(أبو النصر, 2007).

ومن التعريفات السابقة يلاحظ أن فكرة تمكين العاملين وإشراكهم في إدارة المنظمة وصنع قراراتها تصب في اتجاه زرع الثقة في نفس الموظف، وإشعاره بأنه عامل مهم في تحقيق أهداف المنظمة ونمائها، وأن العاملين على مختلف مواقعهم إنما هم شركاء لهم قيمة وأهمية في رسم رسالة المنظمة وفي تحقيق هذه الرسالة. (الخاجة، 2006).

وإسنادا لما سبق من التعريفات المختلفة للتمكين يمكن تعريف التمكين على انه "إعطاء الصلاحيات المختلفة للعاملين والتي يستطيعون من خلالها اتخاذ القرارات المختلفة، وممارسة الرقابة وتحمل المسؤولية , و استخدام قدراتهم من خلال التدريب والثقة ".

2-1-2 أهمية وأسباب تمكين العاملين:

إن ما يساهم في توضيح أهمية التمكين بشكل اكبر, أن نرى بأن التمكين يعطي الفرد مزيدا من المسؤولية المناسبة للقيام بما هو مسؤول عنه (أي إعطاء الإنسان الأقرب للمشكلة مسؤولية كاملة وحرية للتصرف في المشكلة لأنه أو لأنها أقرب الناس للمشكلة وأكثرهم احتكاكا وتأثيرا بمشكلته أو مشكلتها) مثال على ذلك موظف البنك (Teller) الذي يحتك بشكل مباشر مع الزبائن فهو أقرب من مديره لمشكلة الزبائن والأقدر على فهم ما يريد الزبون.(ملحم,2006)

وأن العامل الحيوي للنجاح في أية منظمة هو نوعية القرارات التي يتخذها موظفوها, والمعرفة قوة, والأشخاص الذين يتمتعون بالمعرفة هم وحدهم القادرون على اتخاذ القرارات الصائبة,وانطلاقا مما تقدم, وإضافة له, نستطيع أن نجمل الأسباب التي تدفع المنظمة إلى تبني مدخل التمكين(فندي, 2003) في الآتي:

* حاجة المنظمة إلى أن تكون أكثر استجابة للسوق.

* تخفيض عدد المستويات الإدارية في الهيكل التنظيمي.

* الحاجة إلى عدم اشغال الإدارة العليا بالأمور اليومية وتركيزها على القضايا الإستراتيجية طويلة الأمد.

*الحاجة إلى الاستغلال الأمثل لجميع الموارد المتاحة, خاصة الموارد البشرية, للحفاظ على تطوير المنافسة.

* إعطاء الإفراد مسؤولية أكبر , وتمكينهم من اكتساب إحساس أكبر بانجاز في عملهم.

وأحد الشروط الحيوية لتنفيذ إدارة الجودة الشاملة بنجاح, وبصفة عامة هو توفير مناخ تنظيمي ايجابي بشأن فكرة تمكين العاملين.

3-1-2 مداخل التمكين:

لقد اتفقت العديد من الدراسات على وجود عدد من المداخل لعملية التمكين ، يمكن إبراز أهم هذه المداخل حسب التالي:

1-3-1-2 التمكين كعملية منظمة:

يعرف التمكين كعملية منظمة ذات مدخلات متعددة تجري عليها عمليات مختلفة من أجل الوصول إلى المخرجات المنشودة والمحددة بالأداء العالي وإرضاء العميل، والتمكين وفق هذا المنظور يشير إلى المشاركة بين العاملين والإدارة العليا في أربعة عناصر أساسية هي المعلومات عن المنظمة،والمعرفة التي تساعد العاملين على فهم مهامهم، والمساهمة في الأداء الكلي للمنظمة والمكافآت التي تحدد على أساس أداء المنظمة الكلي(Bowen & Lawier, 1992).

ويتفق مع المفهوم السابق من يرى أن المديرين يستطيعون تمكين العاملين من خلال مشاركتهم في المعلومات واستبدال الهيكل التنظيمي بفرق العمل ومكافأة العاملين على المبادأة وتقبل المخاطرة التي من المتوقع أن تتعرض لها المنظمة (Quinn & Spreitzer, 1997).

وبناء على ما سبق فإن مفهوم تمكين العاملين من منظور كونه عملية منظمة يركز على بناء الطاقات البشرية التي تستطيع مواجهة التغيرات الحادثة في البيئة المحيطة، وذلك يتم من خلال التغيير في الهيكل التنظيمي وتزويد العاملين بالمعلومات والمعارف ومنح الثقة والحرية وتوفير الموارد اللازمة والتشجيع على الإبداع ومكافأته (الخاجة، 2006).

2-3-1-2 مدخل الدافعية:

ينظر للتمكين من خلال منظور الدافعية كحالات أو معتقدات دافعية لدى الفرد، ويقوم هذا المنظور على افتراض أن الأفراد لديهم حاجة للتمكين (القوة أو السلطة) حيث تمثل القوة أو السلطة دافعا فعليا للتأثير أو التحكم في الآخرين بالإضافة إلى وجود معتقدات أخرى تتعلق بقدرة الفرد على التوافق مع التأثير في الأحداث والمواقف والأفراد مثل التحكم الداخلي أو الخارجي (الخاجة، 2006).

لذا فإن التمكين بمنح السلطة من المنظور الدافعي يشير إلى حاجة الفرد للتقرير الذاتي أو الإحساس بالكفاءة الذاتية، وبناء عليه فإن أي إستراتيجية إدارية تدعم هذه الحاجة للتقرير الذاتي سوف تجعل الفرد يشعر بسلطة أكبر. وعلى العكس فإن أي إستراتيجية تضعف الحاجة إلى التقرير الذاتي سوف تزيد من الشعور بالضعف وتؤدي إلى انعدام التمكين (Conger & Kanungo, 1988).

ووفقا لهذا المعيار أن التمكين شعور نفسي في المقام الأول يستمد قوته وفاعليته من توافر بيئة ملائمة مساندة للعاملين، وقيادة ملتزمة مشاركة في المعلومات ومشاركة في اتخاذ القرار، وعلى هذا يعد التمكين -وفقا لهذا

المنظور- هو المتغير التابع وليس المستقل، فإعطاء العاملين الحرية في التصرف ينتج عنه شعور بالتمكين مما يؤثر إيجابا على مستوى الأداء (أفندي، 2003).

2-1-3-3 مدخل الهدفية:

يعرف التمكين من خلال الهدف النهائي للوظيفة وهو يسمى أيضا بالمنظور التسويقي الذي يركز على درجة جودة الخدمة المقررة للعملاء بهدف إرضائهم، فالتمكين هنا يمثل نقل المسؤولية والسلطة بشكل متكافئ من المديرين إلى المرؤوسين، ودعوة صادقة للعاملين بالمنظمة للمشاركة في سلطة القرار، ويكون المرؤوس مسؤولا عن جودة ما يقرره أو يؤديه له من الحرية في اختيار طرق تنفيذ المهام المخططة لإرضاء العملاء ولبلوغ أهداف المنظمة والمشاركة في تحليل المعلومات وصنع القرارات (مصطفى، 2004).

ووفقا للتعريف الهادف يتمثل تمكين العاملين في قدرتهم على القيام بأية تصرفات من شأنها إرضاء المستهلك، فرضاء المستهلك هنا يمثل الهدف المحدد لنطاق ونوعية السلطة المفوضة للعاملين (أفندي، 2003).

2-1-3-4 المدخل الثقافي:

يرى بعض الكتاب أن مفهوم التمكين يشكل ممارسة ثقافية لكونه جزء من الثقافة التنظيمية وتعبيرا عن فلسفة القائد الإدارية (& Johnson Redmon, 1998).

وتشكل الثقافة التنظيمية من القيم والمعايير والممارسات المشتركة داخل المنظمة، فالمنظمة التي تسعى إلى التميز والنجاح تحظى بثقافة قوية لأنها تتضمن قيما تميل للأداء العالي المتميز، وذلك من خلال تبني قيم الاستقلالية

وتشجيع العاملين على تحمل المخاطر ومنحهم السلطات والمسؤوليات لممارسة أعمالهم بحرية، أي تعديل في العلاقات القائمة بين الرئيس والمرؤوس، حيث أن فاعلية الرؤساء سوق تقاس بأداء من يقفون تحت نطاق إشرافهم أكثر من أدائهم كأفراد. مما يدفعهم إلى تبني الممارسات والأساليب التطويرية وبالتالي فالتمكين يمثل ممارسة وفلسفة إدارية تعبر عن قيم المنظمة (الخاجة، 2006).

ومع كل ذلك نلاحظ أن هناك قاسما مشتركا بين التعريفات الخاصة بالتمكين، فكلها تؤكد على أهمية مشاركة العاملين في اتخاذ القرارات وعلى إعطائهم المزيد من الحرية في العمل والتصرف، والحقيقة أن مفهوم التمكين هو مفهوم بسيط ومعقد في الوقت نفسه، فهو بسيط من حيث أن المديرين يحتاجون إلى دعوة الموظفين ليعملوا ويؤدوا وظائفهم، كما أنه معقد من حيث أن المديرين والموظفين من الناحية الواقعية ليسوا مدربين على أن يفعلوا ذلك، كما أن التدريب قد يأخذ وقتا وممارسة طويلة (أفندي، 2003).

4-1-2 مكونات التمكين:

بعد التعريفات المتعددة للتمكين، يمكن التوصل إلى مكوناته وتشمل ما يلي: (Kabeer, 1999)

- المحتاج للتمكين: قد يكون فردا أو جماعة.
- الممكن: وقد يكون من مؤسسة أو فريقا أو فردا.
- التنظيم: فالتمكين يبنى على التقدير الدقيق للاحتياجات والاولويات وطرق تلبيتها، وينطلق من القاعدة إلى القمة ويقوم على مبدأ التشاركية

وتحمل المسؤولية. ويستدعي ذلك وجود القناعة الكاملة لدى الممكن والممكن بأن اكتساب المكنة لا يعني ممارسة السلطة على الآخرين.

5-1-2 خصائص التمكين:

توجد عدة خصائص للتمكين أشار إليها (Kabeer, 1999)، منها ما يأتي:

1. التمكين فعل إيجابي يتضمن اكتساب القدرة على العمل والتواصل وامتلاك المهارات والقدرات الاجتماعية.
2. التمكين ليس مفروضا من الخارج وينمو من الفهم الذاتي للأفراد ولظروفهم وخياراتهم وفرصهم وبيئاتهم الاجتماعية.
3. يتضمن التمكين معنى التشاركية لأن الأفراد يصبحون منغمسين بفاعلية أكثر في مجتمعهم فيوجد التماسك الاجتماعي بين الوحدات الممكنة سواء كانت أفرادا أم جماعات أم مجتمعات محلية.
4. يتشابك مع مفاهيم كثيرة أخرى أبرزها: الفاعلية، والمسؤولية، والعقلانية.

2-1-6 فوائد التمكين:

وهناك فوائد لعملية التمكين لكل الإطراف(فتحي, 2003):

*بالنسبة للمؤسسة:

- زيادة معدل الالتزام والولاء مـن قبـل العـاملين مـا دامـوا يشـاركون في قراراتها ويساهمون في اتخاذها في المجالات التي تخص عملهم.

- تمكين المؤسسة من الاستفادة القصوى مـن مواهـب وقدرات رجالها وتفجير طاقاتهم الكامنة.

- إيجاد كوادر جديدة محفزة وراضية ومقتنعة مما يزيد مـن إنتاجيتهم وربحية المؤسسة.

*بالنسبة للمرؤوس:

- الشعور بإنسانيته واحترام المؤسسة وتقديرها له.

- تقدير المسؤولية وتحملها بشكل ايجابي .

- اكتساب الثقة في نفسـه وشـعوره بـالانتماء والـولاء والالتـزام نحـو المؤسسة ونحو مجموعة العمل ونحو العملاء.

- الشعور بالرضا الوظيفي .

- الشعور بالانجاز عند تحقيق أهدافه وأهداف المؤسسة.

2-1-7 مبادئ التمكين

واعتقد ستر (Stirr, 2003) أن سياسات التمكين تتكون من سبعة مبادئ مستمدة من الأحرف الأولى لكلمة Empower حيث يمثل كل حرف من هذه الكلمة مبدأ من المبادئ وهي:

أ- Education (تعليم العاملين): إذ ينبغي تعليم كل فرد في المنظمة لأن التعليم يؤدي إلى زيادة فاعلية العاملين فيها، الأمر الذي يؤدي بدوره إلى نجاحها.

ب- Motivation (الدافعية): على الإدارة أن تخطط لكيفية تشجيع المرؤوسين لتقبل فكرة التمكين ولبيان دورهم الحيوي في نجاح المؤسسة من خلال برامج التوجيه والتوعية، وبناء فرق العمل المختلفة، واعتماد سياسات الأبواب المفتوحة للعاملين من قبل الإدارة العليا.

ج- Purpose (الغرض): إن جهود التمكين لن يكتب لها النجاح ما لم يكن لدى كل فرد في المنظمة الفهم الواضح والتصور التام لفلسفة المنظمة ومهمتها وأهدافها، إن صلب عملية التمكين هي الاستخدام المخطط والموجه للإمكانات الإبداعية للأفراد لتحقيق أهداف المنظمة.

د- Ownership (الملكية): اقترح Stirr معادلة للتمكين الإداري تتكون من ثلاثة أحرف يسميها (3As) تمثل الأحرف الأولى لعناصر المعادلة وهي:

السلطة + المساءلة = الإنجاز.

Authority + Accountability = Achievement.

ولتحقيق الإنجاز فإن على الإدارة والعاملين فيها قبول المسؤولية عن أفعالهم وقراراتهم، والمسئولية يمكن أن تكون ممتعة للعاملين خاصة إذا تم تشجيعهم على تقديم أفكارهم للإدارة العليا وكان مسموح لهم ممارسة سلطاتهم على أعمالهم.

ه- Willingness to Change (الرغبة في التغيير): إن نتائج التمكين يمكن أن ترشد المنظمة إلى الطرق الحديثة في أداء مهامها، وإن البحث عن طرق عمل جديدة وناجحة أصبحت الحقيقة اليومية، وما لم تشجع الإدارة العليا والوسطى التغيير فإن وسائل الأداء ستؤدي إلى الفشل.

و- Ego Elimination (نكران الذات): تقوم الإدارة في بعض الأحيان بإفشال برامج التمكين قبل البدء بتنفيذها، كما يتصف بعض المديرين بحب الذات واتباع النمط الإداري القديم المتمثل بالسيطرة والسلطة، وينظرون إلى التمكين على أنه تحد لهم، ليس طريقا لتحسين مستوى التنافسية والربحية للمنظمة، أو فرصة لنموهم شخصيا كمديرين وكموجهين، ولذلك لا بد أن يتميز المديرون بنكران الذات.

ز- Respect (الاحترام): إن دم الحياة للتمكين هو الاعتقاد بأن كل عضو في المنظمة قادر على الإسهام فيها من خلال تطوير الإبداع فيها، وما لم يشكل احترام العاملين فلسفة جوهرية في المنظمة، فإن عملية التمكين لن تقدم النتائج العليا المرجوة، والاحترام يعني عدم التمييز بين العاملين لأي سبب من الأسباب، لأن عدم الاحترام يؤدي إلى إفشال كافة جهود التمكين.

8-1-2 وسائل التمكين:

يقترح روبنز (Robbins, 1993) على إدارات المنظمات المبادرة باتخاذ إجراءات معينة والتي تؤدي إلى إحداث آثار إيجابية لدى العاملين فيما يختص بالأبعاد أو الجوانب الأربعة التالية:

1- بعد الأثر: Impact

وهو يتعلق بتطوير العمل والتقدم في الأداء (Progress) ويعني أن مهمة الفرد تكون ذات أثر إيجابي على التمكين إذا تولد لديه فهم وقناعة بأن من شأنها إحداث تغيير في وضعه الوظيفي (Making a Differences) وفيما يتعلق بإنجازه لمهامه.

2- بعد المنافسة: Competence

إذا تمكن الفرد من أداء نشاطاته الوظيفية بمهارة فإن ذلك يؤثر على وضعه التنافسي وكفاءة أداء المنظمة، كما يؤثر إيجابيا على التمكين.

3- معنى العمل: Meaningfulness

ويعني كفاءة الفرد في العمل فإذا كان العامل ينظر إلى عمله على أنه مهم وذا قيمة، وإذا كان مهتما بما يعمل فإن ذلك يؤدي إلى خلق لعمله ويعزز التمكين لديه.

4- الخيار: Choice

أن العمل يزود الفرد بالاختيار إذا مكنه من تحديد الطريقة التي تناسبه في إنجاز المهام واختيارها وكان لديه القدرة الذاتية على تحديد تلك الطريقة (Self-Determination).

و أن إثراء العمل مبني على الأبعاد الأربعة وهو عامل مهم في التمكين الإداري. ويؤكد على أن خلق الثقافة الداعمة للعاملين تعتبر وسيلة فعالة من وسائل التمكين الإداري. وأن بناء الثقة يحتاج إلى وقت. وأن من الضروري تدريب وتأهيل العاملين على تسهيل الإجراءات ونبذ الرقابة المباشرة. كما أنه من الضروري الالتزام بتدريب وتعليم العاملين الذين لا يتوفر لديهم المهارات الكافية.

واقترح لوثانز (Luthans, 1992) الوسائل الآتية التي يمكن للإدارة استخدامها لتمكين العاملين لديها:

1- التعبير عن ثقة الإدارة في قدرات العاملين.

2- أن تعبر الإدارة عن الآمال والتوقعات العالية المتعلقة بإمكانات العاملين ومستوى أدائهم.

3- السماح للعاملين بالإسهام في عملية اتخاذ القرار.

4- منح العاملين الحرية والاستقلالية في اختيار الطريقة التي يرونها لتنفيذ أعمالهم.

5- أن تقوم الإدارة بتحديد طموحات العاملين وأهدافهم.

6- أن تستخدم القيادة الإدارية النفوذ والسلطة بتعقل وبطريقة إيجابية، وأن تحد من استخدام سلطة الإجبار والإكراه.

9-1-2 خطوات تمكين العاملين:

المنظمات التي تفكر في تنفيذ برنامج لتمكين العاملين، تحتاج على تفهم التمكين وتبنيه. وتمكين العاملين عملية يجب أن تنفذ على مراحل. وحدد بوين ولولر
(Bowen & Lawler, 1995) ثلاثة مراحل للتمكين في المنظمات تتراوح بين التوجه للتحكم. والتوجه للاندماج. وأوضح كودرون (Caudron, 1995) أن الأسلوب التدريجي أفضل الطرائق لتمكين فرق العمل. فالمسؤوليات للإدارة الذاتية واتخاذ القرار يجب أن تعهد للموظفين بعد التأكد من حسن إعدادهم.

وأوصى فورد وفوتلر (Ford & Fottler, 1995) أيضا بالتنفيذ التدريبي لتمكين العاملين. فالأسلوب التدريجي يركز أولا على محتوى الوظيفة ومن ثم يتم لاحقا إشراك الموظفين الممكنين في اتخاذ القرارات المتعلقة ببيئة الوظيفة. وخلال مرحلة التمكين يمكن للإدارة متابعة تقدم الموظفين لتقييم استعدادهم، ومستوى ارتياح المديرين للتخلي عن السلطة. ويقترح الخطوات التالية لتنفيذ عملية تمكين العاملين:

الخطوة الأولى: الحاجة للتغيير: هي إحدى التحديات الهائلة التي يجب أن يتغلب عليها المديرون لإيجاد بيئة عمل ممكنة تتصل بتعلم كيفية التخلي قبل المضي قدما وبشكل جدي في تنفيذ برنامج للتمكين هناك حاجة ماسة للحصول على التزام ودعم المديرين (Kizilos, 1990).

الخطوة الثانية: تحديد القرارات التي يشارك فيها المرؤوسون: إن تحديد نوع القرارات التي سيتخلى عنها المديرون للمرؤوسين، تشكل أحد أفضل

الوسائل بالنسبة للمديرين والعاملين للتعرف على متطلبات التغيير في سلوكهم. وأن تحدد الإدارة طبيعة القرارات التي يمكن أن يشارك فيها المرؤوسون بشكل تدريجي (Dimitriades, 2001).

الخطوة الثالثة: تكوين فرق العمل: لا بد أن تتضمن جهود التمكين استخدام أسلوب الفريق. وحتى يكون للمرؤوسين القدرة على إبداء الرأي فيما يتعلق بوظائفهم يجب أن يكونوا على وعي وتفهم بكيفية تأثير وظائفهم على غيرهم من العاملين والمنظمة ككل (Smialek, 1998).

الخطوة الرابعة: توفير المعلومات: لكي يتمكن المرؤوسون من اتخاذ قرارات أفضل للمنظمة فإنهم يحتاجون لمعلومات عن وظائفهم والمنظمة ككل. حيث يجب أن يتوفر للموظفين الممكنين فرصة الوصول للمعلومات التي تساعدهم على تفهم كيفية أن وظائفهم وفرق العمل التي يشتركون فيها تقدم مساهمة لنجاح المنظمة (Psoinos & Smithson, 1997).

الخطوة الخامسة: اختيار الأفراد المناسبين: يجب على المديرين اختيار الأفراد الذين يمتلكون القدرات والمهارات للعمل مع الآخرين بشكل جماعي. وبالتالي يفضل أن تتوافر للمنظمة معايير واضحة ومحددة لكيفية اختيار الأفراد المتقدمين للعمل (العتيبي، 2004).

الخطوة السادسة: توفير التدريب: التدريب أحد المكونات الأساسية لجهود تمكين العاملين. حيث يجب أن تتضمن جهود المنظمة توفير برامج مواد تدريبية كحل المشاكل، الاتصال، إدارة الصراع، العمل مع فرق العمل، والتحفيز لرفع المستوى المهاري والفني للعاملين (Dimitriades, 2001).

10-1-2 نتائج التمكين:

يستعرض الباحث فيما يلي نتائج التمكين على مستوى العاملين وعلى مستوى المنظمة وعلى مستوى المراجعين، وكما يلي:

أولا: نتائج على مستوى العاملين:

يحقق التمكين نتائج في غالبها إيجابية للموظف مناسبة لمفهوم التمكين، وهناك عدد من المزايا والتبعات التي تنجم عن تمكين الموظفين نذكر منها:

- تحقيق الانتماء: يساهم التمكين في زيادة الانتماء الداخلي بالنسبة للفرد العامل (Argyris, 1998)
- كما يساهم في زيادة انتمائه للمهام التي يقوم بها وزيادة انتمائه للمؤسسة ولفريق العمل الذي ينتمي له (مصطفى، 2004).
- المشاركة الفاعلة: تمكين العاملين يساهم في رفع مستوى مشاركتهم، والمشاركة الناجمة عن التمكين تتميز بمستوى عال من الفاعلية وإقدام العاملين على إبداء أفكار جديدة (العبيدين، 2004).
- تطوير مستوى أداء العاملين: (Bowen & Lawler,1995) فتحسين مستوى أداء الموظف من الأمور الأساسية التي تنتج عن تطبيق مفهوم التمكين في الإدارة (Nielsen & Pedersen, 2003).
- اكتساب المعرفة والمهارة: إن نجاح برامج التمكين تتوقف على توافر المعرفة والمهارة والقدرة لدى العامل أو الموظف. (ملحم، 2006).

- التمكين يسهم في رفع معنويات العاملين، إذ يشعرون بإتاحة الفرصة لإعمال قدراتهم كما يستمتعون بتقدير وثقة الإدارة بهم (مصطفى، 2004).

ثانيا: نتائج على مستوى المنظمة:

إن التمكين له نتائج مهمة تنعكس على المنظمات تتمثل فيما يأتي:

- ضمان فعالية المنظمة (الحراحشة والهيتي، 2006).

- زيادة ولاء العاملين للمنظمة: فالعامل الذي يشعر بالتمكين وحرية التصرف في العمل يعلم بأن هذه الحرية جزء من علاقة إيجابية وصحية بين الإدارة والعاملين (ملحم، 2006).

- تحسين في مستوى إنتاجية العامل كما ونوعا، واستعداد المنظمة للتفاعل بشكل أسرع مع تغيرات السوق (العبيدين، 2004).

- ظهور أفكار مبتكرة نتيجة لحرية التصرف وتشجيع العاملين على الإبداع والمبادرة والالتزام بروح الفريق وحب المغامرة والتفكير الخلاق (مصطفى، 2004).

- ارتفاع الإنتاجية وانخفاض التكلفة وزيادة القدرة التنافسية للمنظمة (مصطفى، 2004)

ثالثا: نتائج على مستوى المراجعين:

هناك دراسات لأمثال (Bowen & Schneider, 1993) تؤكد أن الزبائن الذين كانوا يتعاملون مع موظفين يتمتعون بمستويات عالية من التمكين كانوا يعبرون عن مستويات عالية من الرضا، فهذا يدل على علاقة

طردية بين رضا الزبائن والتمكين لدى الموظفين، فتمكين الموظفين وخاصة في المؤسسات الخدمية كالمحال التجارية والبنوك والخدمات الصحية والفنادق والمطاعم وغيرها، يساهم في زيادة قدرة الموظف على التعامل بمستويات عالية من المرونة والفهم والتكيف والاستجابة، وهذا يؤدي إلى سرعة الأداء والإنجازات وجودة المدخلات بخلاف الموظف الذي ينتظر التعليمات من غيره مما قد يساهم في البطء في إنجاز الخدمة، وهذه الناحية (أي السرعة في إنجاز معاملات الزبائن) تعد أهم بنود الجودة في قطاع الخدمات (ملحم، 2006).

- استجابة بسرعة أكبر لحاجات العملاء (Nielsen & Pedersen, 2003).
- الانفتاح المباشر والثقة بين العاملين والزبائن (الحراحشة والهيتي، 2006).
- زيادة فعالية الاتصالات (الحراحشة والهيتي، 2006)، والسرعة في إنجاز المهام نتيجة لغياب البيروقراطية (Nielsen & Pedersen, 2003).

2-1-11 مؤشرات فاعلية التمكين:

إن تبني فلسفة التمكين يحتم تقييم مدى فاعلية تنفيذها، وفي هذا الصدد يمكن إيراد المؤشرات التالية: (مصطفى، 2004)

- عدد الأفكار الجديدة -بغض النظر عن مدى عمليتها- التي ينجد الرئيس في توليدها من مرؤوسيه في القسم أو الإدارة أو القطاع، فالابتكار غالبا ما يقترن بإتاحة مساحة كافية من حرية التصرف والحفز والحماس لدى المرؤوسين.

– نسبة القرارات المتخذة في المستويات الأدنى إلى إجمالي القرارات المتخذة بالمنظمة.

– قدر التحسن في مؤشرات التكلفة والجودة.

– مدى النجاح في التنافس بالوقت.

– مدى سهولة تدبير من يمكن أن يشغلوا المناصب القيادية.

– قدر التحسن في معنويات ورضا العاملين.

– قدر التحسن في ولاء العمالة "الترك الاختياري للخدمة".

12-1-2 أساليب التمكين:

1- أسلوب القيادة:

إن تمكين العاملين من الأساليب القيادية الحديثة التي تساهم في زيادة فاعلية المنظمة (Bennis, 1989) وهـذا الأسـلوب يعتمـد عـلى دور القائـد في تمكين العاملين، وتتضمن أيضا منح صلاحيات أكبر وسـلطة أوسـع للمسـتويات الإدارية الدنيا في المنظمة. ويركز هذا الأسـلوب عـلى تفـويض الصـلاحيات مـن أعلى إلى أسفل.

وفي ظل المنظمـة التمكينيـة يمـنح القـادة أعضـاء الفريـق المزيـد مـن التفويض، ومجالا أوسع في التخطيط والتنفيذ والتقييم لأدائهـم. أيضـا يمكنـون الأعضاء في الفريق من خلال تغيير نمط الرقابة المعمول بـه مـن قبـل الرؤسـاء. وهذا لا يعني أن يمتنع القادة عن تقديم التوجيه والإرشاد والدعم للمرؤوسين ولأعضاء الفريق كلما طالبوا بذلك، أي أنهم يجب أن يساعدوهم عـلى تطـوير مهـاراتهم والتـزامهم، لـكي يـؤدوا دورهـم بفاعليـة في منظمـة تمكينيـة (العبيدين، 2004).

2- أسلوب تمكين الأفراد:

يركز هذا الأسلوب على الفرد ويهتم بما يسمى "تمكـين الـذات". ويـبرز التمكين هنا بمدى توفر العوامل الإدراكيـة (Cognitive) للفـرد بالتوجـه نحـو تقبل المسؤولية والاستقلالية في اتخاذ القرار. هـذا وقـد توصـلت (Spretizer, 1996) إلى أن الموظفين الممكنين يمتلكون مستويات أكبر من السيطرة والتحكم في متطلبـات الوظيفـة، وقـدرة أكـبر عـلى اسـتثمار المعلومـات، والمـوارد عـلى المستويات الفردية، وعلى الرغم من أن التمكين هنا ينظر له على أنه

تجربة فردية في التحكم والسيطرة وتحمل المسؤولية، إلا أن هناك أساليب أخرى تقوم على التمكين الجماعي وتمكين الفريق (ملحم، 2006).

3- أسلوب تمكين الفريق:

رأى بعض الباحثين أن التركيز على التمكين الفردي قد يؤدي إلى تجاهل عمل الفريق، إذا قاموا بإعطاء أهمية كبرى لتمكين المجموعة أو الفريق لما للعمل الجماعي من فوائد تفوق بكثير فوائد العمل الفردي. وقد بدأت فكرة التمكين الجماعي مع مبادرات دوائر الجودة في السبعينيات والثمانينيات من القرن الماضي (Sims, 1986).

ويؤكد (Torrington et al., 2005) أن تمكين الفريق ينسجم مع التغييرات الهيكلية التي تحدث في المنظمات، من حيث توسيع نطاق الإشراف والتحول إلى المنظمة الأفقية والتنظيم المنبسط (Flat Structures) بدلا من التنظيمات التقليدية الهرمية. ويرى أن تطبيق التمكين يعطي للفريق دورا كبيرا في تحسين مستويات الأداء، لأن الاعتمادية المتبادلة(Interdependency) بين أعضاء الفريق تؤدي إلى زيادة استقلالية الفرد (Dependency) كما تتحقق القيمة المضافة (Added Value) نتيجة تعاون أعضاء الفريق عندما تتحقق شروط المهارة لكل من أعضاء الفريق، وعندما يقدم كل منهم مساهمة تضيف شيئا جديدا إلى القرار الجماعي بدلا من الاعتماد على الرأي أو القرار الفردي الذي قد يكون عرضة أكثر للخطأ والقصور.

4- أسلوب الأبعاد المتعددة في التمكين:

يقوم هذا الأسلوب على الجمع بين الأساليب السابقة ويرفض الاستناد إلى بعدي بأحد الجوانب لتفسير مبدأ التمكين (ويرى (,Honold

1997) بأنه حتى تكون عملية التمكين فاعلة فلا بد من أن تقوم على أسس متعددة. وهذه الأسس هي: التعليم، والمراقبة الفاعلة، والقيادة الناجحة، والدعم والتشجيع المستمر، والهيكلة المناسبة (Structuring) والتفاعل بين هذه الأسس جميعا.

وفق هذا الأسلوب الجميع يعملون كشركاء (Partners) ويأخذون زمام المبادرة بشكل جماعي , فالتمكين ليس شعورا شخصيا ومن المستحيل أن يتم دون مقومات وعوامل تنظيمية مناسبة، إضافة إلى ملاءمة العلاقات بين المديرين والعاملين على أساس من الثقة والاحترام والتواصل، وتزويد الآخرين بالمعلومات الضرورية لكي يشعر الفرد والفريق بشيء من المسؤولية تجاه نتائج الأداء المرغوبة (Conger & Kanungo, 1988).

5- الأسلوب الهيكلي (التمكين الهيكلي):

إن المنظمة المتمكنه يكون لها هيكل واضح ومناسب، مع عدد أقل من المستويات الإدارية وذلك ليسهل عملية انسياب وتدفق المعلومات في اتجاهين. وهذا الأسلوب يشير إلى أن المؤسسة الممكنة هي تلك المؤسسة التي تتضمن نطاق إشراف واسع، بمعنى أن نسبة الموظفين إلى المديرين نسبة عالية بالقياس إلى هذه النسبة في المؤسسات التقليدية(العبيدين، 2004)

والشكل رقم (2) يمثل وصفا للهيكل التنظيمي المعاصر الملائم لتطبيق التمكين:

الشكل (2)

الهيكل التنظيمي المعاصر

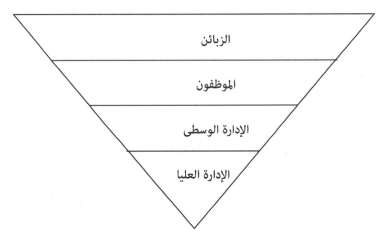

ملحم، سليم، (2006)، التمكين كمفهوم إداري معاصر، ط(1)، القاهرة: المنظمة

العربية للتنمية الإدارية.

13-1-2 معوقات تطبيق التمكين في المنظمات:

إن عملية التمكين حالها كحال أي عملية تطبيق داخل التنظيمات، حيث تواجه جملة من العقبات والتحديات والتي إذا لم تواجهها الإدارة ستؤدي إلى فشل العملة بكاملها، والتي منها: (العبيدين، 2004)

1. ضعف وقلة مهارات العاملين.
2. غياب الثقة ما بين الإدارة والعاملين.
3. عدم قناعة الإدارة العليا بأهمية التمكين.
4. وجود نظام اتصال ضعيف وغير فعال داخل المنظمة.
5. وجود نظام قيادة تقليدية بحيث يحد من دور العاملين.
6. العشوائية وعدم العدالة في كل من نظام المكافآت ونظام الحوافز.
7. ضعف العلاقة ما بين العاملين.
8. عدم وضوح الأهداف بالنسبة للعاملين.
9. ضعف العملية التدريبية من حيث الكم والكيف.
10. مناخ تنظيمي غير صحي بحيث ينعكس سلبا على معنويات العاملين والذي بدوره يؤثر على إنتاجهم وأدائهم.
11. نظام رقابي صارم لا يسمح بحرية التصرف وبالتالي يحد من الإبداع.
12. غياب فرق العمل من بيئة المنظمة.

2-2 الفاعلية التنظيمية

تعد الفاعلية التنظيمية (Organizational Effectiveness) إحدى الديناميات الأكثر أهمية في المنظمة. ويكمن مفهوم الفاعلية التنظيمية في نظريات أكثر شيوعا، وبالتحديد، في نظرية إدارة الجودة الشاملة (Total Quality Management-TQM)، وتحسين الجودة المستمر (Continuous Quality Improvement-CQI)، والفعالية التنظيمية (Organizational Efficiency)، بحيث يجري التعامل مع كل هذه العناصر، من حيث كونها طرق للارتقاء بالفاعلية التنظيمية (Helms, 2005).

وفي هذا السياق قدم فيلد (Field, 2006) أربعة مركبات للفاعلية التنظيمية، أولها: درجة إنجاز المنظمة لأهدافها. وثانيها، عملية التحول الداخلية التي تقرر السعر، ونوعية المنافسة، بالتركيز على العمليات الداخلية في المنظمة. وثالثها، الفاعلية التنظيمية هي أساس تطور الموارد البشرية في المنظمة. ويجمع فيلد هذه المكونات في عنصر ـ تعريفي شامل رابع، هو مجموعة المركبات السابقة، تبعا لـ "أنموذج القيم المتنافسة" (The Competing Values Model).

وبهذا المعنى، يجري النظر إلى الفاعلية التنظيمية، باعتبارها مفهوما أوسع وأشمل من المفاهيم المذكورة، بل وأنها تتضمن تلك المفاهيم، بهذا الشكل، أو ذاك.

وفي ظل تلك المستجدات، شهد الربع الأخير من القرن الماضين ظهور بعض الفلسفات والأساليب الإدارية الجديدة، التي استهدفت رفع كفاءة الأداء الإداري، وزيادة الفعالية، وتدعيم القدرة التنافسية للمنظمة.

ومن المتغيرات التي تؤثر إيجابا في الفاعلية التنظيمية (Helms, 2005):

- وجود إستراتيجية مرتبطة بأهداف المنظمة ورؤيتها.

- ممارسات عمل واضحة، وسياسات، وقرارات واضحة، أيضا.

- إدارة فاعلة للموارد البشرية.

- موظفون ذوو نوعية، لديهم تعلق بعملهم، ومستوى من الرضا، يؤدي إلى تدني نسبة ترك العمل.

- كل المستويات في المنظمة تشارك في بؤرة اتصال، من أعلى إلى أدنى، ومن أدنى إلى أعلى.

- تأكيد التخطيط والتدريب والدعم.

- التماسك والتوافق بين الأقوال والأفعال.

رغم أن الفاعلية تشكل نقطة أساسية في نظرية المنظمة إلا أن الباحثين لا زالوا في جدل بشأن تحديد معنى دقيق لها. وهم في الوقت نفسه مقتنعين تماما أنه من الصعب التسليم وقبول أي نظرية في مجال التنظيم لا تدخل في حساباتها مفهوم الفاعلية.

لقد ساعدت الحقول المعرفية في الإدارة والمفاهيم المرتبطة بها المديرين على جعل منظماتهم أكثر فاعلية. فالتسويق مثلا ساعدهم على زيادة مبيعاتهم وحصص منظماتهم في السوق، والمفاهيم والمبادئ المحاسبية والمالية

ساعدتهم على الاستخدام الأفضل للموارد المالية المستثمرة في المنظمة، وهكذا بالنسبة لإدارة العمليات، حيث ترشد المديرين في تصميم عمليات للإنتاج الكفوء، ولو انتقلنا إلى نظرية المنظمة "كحقل معرفي متخصص"، سنجد أنها تساهم في إثارة تساؤلات عديدة بشأن أي من الهياكل التنظيمية التي إذا ما تم استخدامها في موقف معين سيزيد من تطوير وتحسين فاعلية المنظمة. لأن الهيكل التنظيمي الأحسن هو الذي يجعل المنظمة فاعلة أكثر (,Helms 2005).

إن الفاعلية التنظيمية، بهذا المعنى، مفهوم شامل، يعبر عن قدرة المنظمة على تحقيق أهدافها، باستثمار عوامل الفعالية، أي إنجاز المهمات كما يجب، والإنتاجية (بتوفير الوقت والجهد، والنفقات).

يوضح الشكل (4) أنموذج النظم المفتوحة للمنظمات والذي يعد من النماذج التي أشار إليها الكثير من الباحثين في مجال الفاعلية التنظيمية، ومن هؤلاء تيشرنغتون وآخرون (Cherrington et al., 2001) نظرية النظم المفتوحة (Open-Systems Theory)، لتوضيح الأسباب الكامنة وراء فاعلية المنظمة، حيث يجري التعامل مع المدخلات والمصادر، مثل الموارد المالية والعاملين، وما يتوافر من إمكانيات، في ضوء ما يجري من عمليات تحويل وتطوير وتغيير، ومقابلة ذلك بنتائج العمل، ثم إعادة صياغة برامج التغيير، وهكذا. وهذه النظرية توضح المزايا التي تصف كل المنظمات الاجتماعية، فيما هو مشترك بينها، بما في ذلك الشركات الصناعية والخدمية، والمؤسسات الحكومية والدينية، والروابط التطوعية.

الشكل (4)

أنموذج النظم المفتوحة للمنظمات

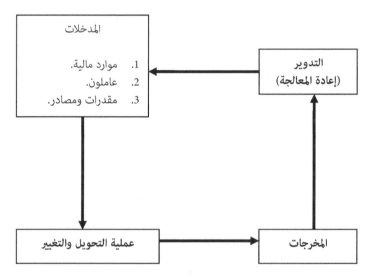

Source: Cherrington, David, J., Bischoff, Sheri, J., Dyer, W. Gibb, Stephan, Eric, G., Stewart, Greg, L. (2001). Organizational Effectiveness. Department of Organizational Leadership and Strategy. Brigham Young University.

عند استعراض التعريفات الخاصة بالفاعلية نجد أنها ابتدأت بصورة غامضة بعض الشيء، ولك أن تتساءل هنا أهداف من هذه؟ وهل هي قصيرة الأمد أم طويلة الأمد؟ وهل هي أهداف رسمية أم غير رسمية؟

الواقع أن الهدف الذي يتفق عليه أغلب الباحثين كشرط مهم لنجاح المنظمة هو البقاء (Survival) لأنه الشيء المهم الذي تبتغيه المنظمة. إن استخدام البقاء كمعيار للفاعلية يقود إلى الاعتراف ضمنا أن المنظمة تكافح ضد الموت. فالبقاء هو تشخيص لحالة الموت أو الحياة. لكن المنظمات لا تموت كما يموت الأفراد. عندما يموت الإنسان نحصل على شهادة بوفاته من

الجهات الحية المختصة فيها سبب وتاريخ وفاته بدقة. مثل هذا الشيء لا نجده في منشآت الأعمال. فالمصنع، أو الشركة لا تموت ولكنها تعيد تشكيل وضعها بصورة جيدة. فهي إما تدمج مع شركة أخرى، أو تعيد تنظيمها، أو تبيع أجزائها الأساسية إلى منظمات أخرى.

2-2-1 مداخل الفاعلية التنظيمية:

توجد عدة مداخل لدراسة الفاعلية التنظيمية وهذه المداخل هي:(السالم، 2005):

1- مدخل تحقيق الهدف: (The Goal Achievement Approach)

ويمكن تلخيص هذا المدخل من خلال رؤية وهي أن فاعلية المنظمات يجب أن تقوم من خلال مدى تحقيقها لأهدافها لا من خلال وسائلها، ويمكن ملاحظة ما يلي من خلال ما سبق التأكيد على أن تكون الأهداف شرعية وواضحة وقابلة للتحقيق، وإمكان قياس الأهداف

ويتجسد هذا المدخل بشكل واضح في أسلوب الإدارة بالأهداف

.(Management by Objectives)

2- مدخل النظم: (The Systems Approach)

ويرى هذا المدخل أن المنظمة يجب أن تقيم من حيث مدى قدرتها على الحصول على المدخلات، وتحويل هذه المدخلات إلى مخرجات، وتوزيع هذه المخرجات، إلى جانب مقدرتها على حفظ التوازن والاستقرار.

إن هذا المدخل يركز على المعايير التي ستعمل على زيادة فرص البقاء على المدى الطويل، ومن هنا فإن هذا المدخل يركز على الكفاءة عند الحكم على الفاعلية التنظيمية.

3- مدخل العناصر الإستراتيجية: (The Strategic Constituencies Approach)

إن هذا المدخل يركز على أن فعالية المنظمة تبرز من خلال العمل على تلبية طلبات الجهات أو الأطراف الموجودة في بيئتها، وبمعنى آخر أن هذا المدخل يركز على إرضاء العناصر أو الأجزاء البيئية التي تؤثر إستراتيجيا في استمرار عمل المنظمة.

وعلى سبيل المثال فإن هذا المدخل يفترض أن المنظمات ميادين سياسية تتصارع فيها المصالح المختلفة من أجل السيطرة على الموارد، وهذا ما يفسر الأمر الذي يركز عليه هذا المدخل.

4- مدخل القيم المتنافسة: (The Competing-Values Approach)

يعتمد هذا المدخل على معيار وهو على من تكون أنت؟ وما الرغبات أو القيم التي تفضلها كمعيار لقياس فاعلية المنظمة؟ لذلك يفترض هذا المدخل عدم وجود هدف واحد يتفق عليه الجميع بشكل عام.

ومن أجل تطبيق هذا المدخل أخذ المهتمون بالموضوع يبحثون عن المواضيع المشتركة التي تطرحها معايير الفاعلية التنظيمية (الثلاثون) والتي تم ذكر جزء منها سابقا،وتم تشخيص ثلاثة مجاميع أساسية من القيم التنافسية،(Robbins, 1993) هي:

المجموعة الأولى: المرونة ضد السيطرة (Flexibility-Control)

المجموعة الثانية: الأفراد ضد المنظمة (People-Organization)

المجموعة الثالثة: الوسائل-الغايات (Ends-Means)

هذه المجاميع الثلاثة للفاعلية يعكسها الشكل رقم (5)، كما أن هذه المجاميع الثلاث بالإمكان دمجها مع بعضها لتكون لنا ثماني خلايا من المعايير الخاصة بفاعلية المنظمة. فمثلا أن الجمع بين الأفراد والسيطرة والغايات يكون لدينا خلية. وكذلك دمج المنظمة والمرونة والوسائل يكون خلية أخرى، وهكذا.

شكل رقم (5) الأبعاد الثلاثة للفاعلية التنظيمية

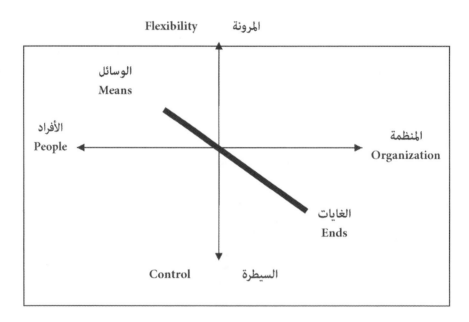

السالم، مؤيد سعيد (2005). نظرية المنظمة: الهيكل والتصميم. دار وائل للنشر- الطبعة الثانية، عمان، الأردن.

3-2 علاقة التمكين بالفاعلية التنظيمية

يعد معيار" فاعلية" المنظمة من المؤشرات الهامة في قياس مدى تحقيق المنظمة لأهدافها انسجاما أو تكييفا مع البيئة التي تعمل بها من حيث استغلال الموارد المتاحة. لذلك فقد تعرض هذا المفهوم كغيره من المفاهيم الإدارية كالتمكين والأداء وغيرها إلى التفاوت في وجهات النظر الفكرية، من حيث تحديد المعنى الشامل والدقيق لها، ومن جملة التعريفات للفاعلية التنظيمية نجد أنها ركزت على قدرة المنظمة على تحقيق أهدافها، لذلك فإن فشل المنظمة في تحقيق أهدافها يؤدي إلى وصفها بعدم الفاعلية، ومن ذلك نستطيع أن نبين أن الفاعلية تربط أساسا بقدرة المنظمة على تحقيق أهدافها وبدرجات متفاوتة.

كما أشار باحثون آخرون إلى أن الفاعلية تربط بقدرة المنظمة على البقاء والتكيف والنمو بغض النضر عن الأهداف التي تحققها، ومن هؤلاء الفار(Alvar,1976)، حيث أن المنظمات تتعامل في إطار بلوغ أهدافها مع أوساط بيئية غير مستقرة، وهذا يعني أن الإمكانية التي تتطلبها في الاستمرار أو الاستقرار تجعل التكيف البيئي وخلق التوازن المتحرك معه، من مستلزمات وجودها. ومن هنا لا بد أن تسعى المنظمة بكل إمكاناتها لمعالجة ما يقابلها من مشكلات وظواهر بيئية، وتكون قادرة على خلق التكيف البيئي المستهدف، لكي تستطيع البقاء والاستمرار في الوجود، وباستعراض ما اشرنا إلية يمكن بيان أن ما سبق يمكن في تحقيق ما يلي:

1. قدرة المنظمة على تحقيق أهدافها.
2. قدرة المنظمة على التكيف مع البيئة والاستمرار في البقاء عاملة فيها.
3. قدرة المنظمة على النمو والتطور باستمرار

ومن هنا يتضح أن الفاعلية تتعلق بالسبل الكفيلة باستخدام الموارد البشرية والمادية والمعلوماتية المتاحة استخداما قادرا على تحقيق الأهداف والتكيف والنمو والتطور (الشماع وحمود،2007)

لذلك فإن الإدارة يقع على عاتقها دور كبير في تحقيق أهداف المنظمة من خلال إيجاد المناخ التنظيمي المناسب الذي من شأنه تدعيم مشاركة العاملين وكذالك تنمية شعورهم بالمسؤولية والانتماء وبث روح التعاون والولاء في العمل، و التعرف على مؤشرات الإنتاج والإنتاجية وكمية ونوعية وحجم المخرجات السلعية أو الخدمية التي تقدمها.

4-2 الدراسات السابقة

تناولت عدد من الدراسات العربية والأجنبية موضوع التمكين, ويعتبر موضوع علاقة التمكين بالفاعلية من المواضيع الحديثة نسبيا

1-4-2 الدراسات العربية:

دراسة الضمور (2008) بعنوان: "العوامل المؤثرة على التمكين الإداري: دراسة حالة مركز الوزارات الأردنية".

هدفت هذه الدراسة إلى تحديد العوامل المؤثرة على التمكين الإداري لدى المديرين في الوزارات المركزية في الأردن، وتكونت عينة الدراسة من (294) فردا، وقد تم توزيع (333) استبانة على جميع أفراد مجتمع الدراسة، استرجع منها (294) استبانة أي بنسبة (88%)، وقد كانت جميع الاستبانات المرتجعة صالحة للتحليل.

وتوصلت الدراسة إلى أنه يوجد اثر للعوامل التنظيمية على التمكين الإداري، كما أظهرت نتائج الدراسة أنه يوجد فروق ذات دلالة إحصائية في العوامل المؤثرة على التمكين الإداري تعزى لمتغيرات الجنس والمؤهل العلمي والخبرة الوظيفية.

دراسة الشوابكة (2007) بعنوان: درجة مقاومة التغيير التنظيمي لدى القادة الإداريين في مديريات التربية والتعليم في الأردن وعلاقتها بالفاعلية التنظيمية".

هدفت هذه الدراسة إلى تقصي درجة مقاومة التغيير التنظيمي لدى القيادات الإدارية في مديريات التربية والتعليم في الأردن، وعلاقتها بالفاعلية التنظيمية لتلك المديريات.

تكون مجتمع الدراسة من جميع القادة التربويين في مديريات التربية والتعليم في الأردن. ولغاية جمع البيانات اللازمة؛ تم استخدام استبانتين: أولهما، أداة لقياس درجة مقاومة التغيير التنظيمي، وثانيهما أداة لقياس درجة الفاعلية التنظيمية في مديريات التربية والتعليم في الأردن، من وجهة نظر القادة الإداريين أنفسهم.

أشارت نتائج الدراسة، إلى أن درجة مقاومة التغيير التنظيمي لدى القادة الإداريين في مديريات التربية والتعليم في الأردن، كانت ضعيفة، فيما أظهرت النتائج أن درجة الفاعلية التنظيمية في معظم المديريات كانت عالية.

ولم تظهر النتائج الكلية للدراسة فروقا ذات دلالة إحصائية عند مستوى الدلالة ($0.05 \leq \alpha$) بين المتوسطات لحسابية والانحرافات المعيارية لدرجة مقاومة القادة الإداريين للتغيير التنظيمي، ولدرجة الفاعلية التنظيمية، في مديريات التربية والتعليم في الأردن، من وجهات نظر القادة التربويين، تعزى إلى متغيرات: الجنس، أو المؤهل العلمي، أو الخبرة الإدارية، أو المركز الوظيفي.

أما بالنسبة للعلاقة بين درجة مقاومة التغيير التنظيمي لدى القادة لإداريين في مديريات التربية والتعليم في الأردن، وبين الفاعلية التنظيمية لهذه المديريات، من وجهة نظر القادة الإداريين أنفسهم، فقد أظهرت النتائج أن تلك العلاقة كانت سلبية قوية (كلما ارتفعت درجة مقاومة التغيير، انخفضت الفاعلية التنظيمية).

دراسـة العتيبـي (2007) بعنـوان: العلاقـة بـين الأنمـاط القياديـة والتمكـين الإداري: دراسة اتجاهات المديرين في المؤسسات العامة الأردنية".

هدفت هذه الدراسة إلى معرفة النمط القيادي السـائد في المؤسسـات العامـة، ومعرفـة مـدى إدراك المديـرين لمفهـوم التمكـين الإداري، بالإضافة إلى التعرف على المعوقات التي تحول دون تطبيق التمكين الإداري من وجهة نظر القـادة الإداريـين. وتناولـت الدراسـة العلاقـة بـين الأنمـاط القياديـة والتمكـين الإداري في المؤسسـات العامـة الأردنيـة. تكونـت عينـة الدراسـة مـن جميـع المديرين العاملين، ونوابهم ومساعديهم، ومديري الدوائر، ومساعديهم ورؤساء الأقسام في المؤسسات العامة الأردنية في العاصمة عمان البـالغ عـددهم لغايـة 2007/4/1 (491) مديرا.

وتوصلت الدراسة إلى عدد من النتائج أهمها:

1. النمط القيادي المشارك هو النمط القيادي السائد في المؤسسات العامة.

2. توجد علاقة ذات دلالة إحصائية بين الأنماط القيادية والتمكين الإداري في المؤسسات العامة الأردنية.

3. توجد علاقة عكسية بـين النـمط القيـادي الموجـه والتمكـين في المؤسسـات العامة الأردنية.

4. توجد علاقة طردية بين النمط القيادي المهتم بالإنجاز والتمكين الإداري في المؤسسات العامة الأردنية.

5. لا توجد فروق في العلاقة ذات دلالة إحصائية بين الأنماط القيادية والتمكين الإداري تعزى لمتغيرات (الجنس، الخبرة العملية، والمؤهل العلمي).

دراسة أندراوس (2006) بعنوان: "درجة ممارسة مفاهيم الثقة والتمكين لدى القيادات الأكاديمية في الجامعات الأردنية الرسمية".

هدفت هذه الدراسة إلى معرفة درجة ممارسة مفاهيم الثقة والتمكين لدى القيادات الأكاديمية في الجامعات الأردنية الرسمية. ولتحقيق هدف الدراسة، تم تطوير أداة قياس مكونة من خمسة أجزاء هي: البيانات الشخصية، ومفاهيم الثقة، ودرجة ممارسة مفاهيم الثقة، ومفاهيم التمكين، ودرجة ممارسة مفاهيم التمكين. كما تم استخراج صدق الأداة، والتأكد من ثباتها.

وتكونت عينة الدراسة من جميع القادة الأكاديميين -رؤساء الجامعات ونوابهم، وعمداء الكليات، ورؤساء الأقسام في الفصل الدراسي الأول من العام الجامعي (2006/2005) في الجامعات الأردنية الرسمية والبالغ عددهم (391) فردا.

وقد بينت نتائج الدراسة ما يلي: شيوع كل ممارسة من ممارسات مفاهيم الثقة: دقة المعلومات وتوافرها، إذ أن معظم التكرارات المرصودة على تحقق مفهوم الثقة وفقراته قد جاءت ضمن الدرجتين (عالية وعالية جدا) مما يشير إلى مصداقية المتوسطات الحسابية المحسوبة لدرجة تحقق مفهوم الثقة وفقراته. وفرص الإبداع في مجال السياسات الإدارية والسلوك القيادي ضمن درجة عالية، والقيم التنظيمية السائدة بدرجة عالية. وبينت نتائج الدراسة كذلك شيوع ممارسة مفاهيم التمكين بمجاليها الأكاديمي والإداري بدرجة عالية.

دراسة الزيدانيين (2006) بعنوان "أثر التمكين في تطبيق مبادئ إدارة الجودة الشاملة في المؤسسات المالية الأردنية".

هدفت هذه الدراسة إلى معرفة أثر التمكين الإداري في تطبيق مبادئ إدارة الجودة الشاملة في المؤسسات المالية الأردنية، ولتحقيق أهداف الدراسة تم تطوير استبانه لغرض جمع البيانات وتوزيعها على عينة مكونة من (553) موظفا وتوصلت الدراسة إلى نتائج من أهمها:

1. أن تصورات المبحوثين للتمكين الإداري كان مرتفعا، وجاءت أيضا تصورات المبحوثين على أبعاد الجودة الشاملة بدرجة مرتفعة.

2. أن هنالك أثرا هاما وذا دلالة إحصائية لأبعاد التمكين الإداري في إدارة الجودة الشاملة في المؤسسات المالية الأردنية.

3. وجود فروق ذات دلالة إحصائية لتصورات المبحوثين للتمكين الإداري تعزى لمتغيرات (الجنس، والعمر، والمؤهل العلمي، والخبرة).

دراسة (العبيدين، 2004) بعنوان "العلاقة بين التمكين الإداري وخصائص الوظيفة في كل من شركة مصانع الاسمنت الأردنية ومؤسسة الموانئ الأردنية (دراسة مقارنة).

هدفت هذه الدراسة إلى اختبار العلاقة بين التمكين الإداري وخصائص الوظيفة في الشركتين المذكورتين. وقد استخدمت الباحثة عينة عشوائية طبقية تناسبية من 457 فردا. وقد دلت نتائج الدراسة على أن مستوى إدراك المبحوثين للتمكين الإداري وأبعاده كان متوسطا كما أن مستوى إدراك المبحوثين لخصائص الوظيفة كان مرتفعا. كما بينت الدراسة

وجـود علاقـة ذات دلالـة إحصـائية بـين التمكـين الإداري وخصـائص الوظيفة في المنظمتين المبحوثتين.

دراسة ملحم (2004) بعنوان" العلاقة بين الموظفين والعملاء: تشخيص أثر قدرات الموظف وتمكينه على رضى العملاء".

هدفت هـذه الدراسـة إلى التعـرف عـلى المقومـات الأساسـية لتمكين الموظفين في البنوك التجارية وأثرها في توفير حرية التصرف للموظف وتحقيـق الرضا الوظيفي، وتكونت عينة الدراسة من (320) موظفـا يعملـون في البنـوك التجارية. وتوصلت الدراسة إلى مجموعة من النتائج كان من أهمهـا أن تمكين الموظف يـؤدي إلى تحسـين مسـتوى جـودة العلاقـة بـين الموظـف والعمـلاء والموظف والإدارة.

كما كشفت الدراسة عن وجود أهمية للبعد الاجتماعي والبعد المتعلق بشكل خاص بالعلاقات الشخصية بالإضافة إلى أهمية التمكين بشكل عام حيث يمكن لموظف الخـدمات أن يمـارس التمكـين في نـواحي خاصـة وهـي الجوانـب الاجتماعية.

2-4-2 الدراسات الأجنبية:

دراسة (Sasiadek, 2006) بعنوان: "العوامل الفردية التي تؤثر على التمكين الإداري: دراسة متعددة الحالات.

هدفت هذه الدراسة إلى إيجاد العلاقة بين العوامل الفردية، مثل: (الانتماء، الثقة، السلوك، الاتجاهات، التحفيز) التي تؤثر على التمكين الإداري. والتمكين الإداري، كما هدفت أيضا إلى معرفة مدى تأثير حجم المنظمات على نجاح عملية التمكين فيها.

تناولت الدراسة خمس منظمات مختلفة (منظمتان صغيرتان، وثلاث منظمات كبيرة) وتوصلت إلى وجود علاقة بين العوامل الفردية وأن هذه العوامل تسهم في التأثير على ممارسة التمكين في المنظمات. كما توصلت إلى وجود علاقة ما بين حجم المنظمة ومدى نجاح عملية التمكين فيها.

دراسة (Ergeneli et al., 2006) بعنوان: "التمكين النفسي وعلاقته بالثقة في المدراء الحاليين.

هدفت هذه الدراسة إلى اختبار العلاقة بين التمكين النفسي ـ بأبعاده الأربعة (المعنى، التأثير، تقدير الذات، المنافسة) وثقة العاملين بالمدراء الحاليين. كما هدفت إلى دراسة أثر العوامل الديموغرافية على ممارسة مفهوم التمكين، وتمت دراسة (220) بنك في تركيا.

أظهرت النتائج وجود علاقة إيجابية بين تمكين العاملين وثقتهم بمدرائهم. وقد وجدت الدراسة أن عامل الموقع الوظيفي هو الأكثر تأثيرا على ممارسة المدراء لمفهوم التمكين من ضمن العوامل الديموغرافية.

دراسة (Chau & Lyengar, 2006) بعنوان: التمكين من خلال الاختيار.

هدفت هذه الدراسة إلى معرفة العوامل المؤثرة في الخيار لدى العاملين وبخاصة العوامل الفردية مثل ثقافة العاملين وحالتهم الاجتماعية والعوامل التنظيمية مثل الهيكل التنظيمي والمشاركة في المعلومات. توصلت الدراسة إلى أن العوامل الفردية أكثر تأثيرا في العاملين في حرية الخيار.

دراسة (Goldsmith, 2005) بحيث هدفت هذه الدراسة في بيان أثر التغذية الراجعة المباشرة (Feedback) في صورة ملاحظات الموظفين المقدمة في تقارير حول سير العمل، والمشكلات القائمة، والاقتراحات المختلفة، وفي متابعة المديرين لها (Follow-Up)، على فاعلية القيادة الإدارية؛ بوساطة استبانة شملت (8208) من الموظفين، في واحدة من أكبر مئه مؤسسة في الولايات المتحدة الأمريكية (ولم تذكر الدراسة اسم تلك المؤسسة، لأسباب تتصل على الأرجح بحساسية المعلومات، وخصوصيتها). وبنيت تلك الدراسة استنادا على استبانة وزعت على الموظفين، وتبين من تحليل نتائجها، أن المؤسسة المعنية، دخلت في عملية تغيير جوهرية، وشهدت عمليات إعادة تنظيم متنوعة، ورئيسية. وتبين أن التقارير المباشرة التي يرفعها الموظفون، أدت إلى استبدال لمدراء خلال فترة عام ونصف، سبقت توزيع الاستبانة. وفد أظهرت نتائج الدراسة أن (19%) من المديرين لم يردوا على التقارير المرفوعة إليهم من المرؤوسين، ولم يقوموا بالمتابعة، فيما رد (6%) منهم على التقارير، لكنهم لم يقوموا بالمتابعة العملية بعد ذلك وقام (17%) منهم بمتابعة محدودة، و(30%) بالمتابعة "بعض الشيء"، بينما قام (17%) من المديرين بالمتابعة

المتكررة، وقام (11%) منهم فقط بالمتابعة بشكل منتظم، غير موسمي، ودوري، ومستمر.

واستخلصت الدراسة أن متابعة القيادة الإدارية لما يطرحه الموظفون من مسائل، قضية ذات أهمية قصوى؛ للارتقاء بالأداء والفاعلية، ولكن القيادات الإدارية لا تكرس لمتابعة الاهتمام اللازم الذي تستحقه، بالمقارنة مع ما يلقاه التدريب، مثلا، من اهتمام، رغم أن المتابعة لا تقل عن أهمية في تأثيرها على الأداء والفاعلية.

دراسة (Rieth & Biderman, 2003) بعنوان: العلاقة بين الفاعلية التنظيمية وتفويض السلطة".

بحثت هذه الدراسة في العلاقة بين الفاعلية التنظيمية، وحدود الصلاحيات الممنوحة للمديرين، في منظمات متنوعة وعديدة. واستخدمت النمذجة الخطية التسلسلية؛ لتحليل العلاقة بين المقاييس الفردية، والمنظمة للفاعلية، وما يربطهما بنوع أو آخر من حدود الصلاحيات والسلطات.

وتوصلت الدراسة إلى أن الفاعلية التنظيمية تتأثر بالبنى التنظيمية، وبحدود الصلاحيات الممنوحة للفرد أو الهيئة في هذه المنظمة أو تلك ولعل هذا البعد النفسي، وديناميكياتهن ودلالاته الإحصائية الهامة، كانت من أهم النتائج التي وصلت إليها هذه الدراسة، والتي ساهمت لاحقا في دفع الدراسة الحالية إلى تجميع العناصر النفسية، في بعد ذي وزن نسبي هام.

دراسة يولري (Ulrey, 2003) بعنوان: "تأثير البيروقراطية والتأثير السياسي على تمكين الموظفين في القطاع العام.

هدفت هذه الدراسة إلى تقييم تأثير البيروقراطية والتأثير السياسي على تمكين الموظفين في ثلاث مؤسسات حكومية، وتم قياس التمكين على أساس إدراك التمكين عمليا من خلال قدرة الموظفين واستعدادهم للمبادرة والمخاطرة والمشاركة في المعلومات ونقل القوة للموظفين، كما قامت هذه الدراسة بقياس إدراك الموظفين لمفهوم ملكية الوظيفة (Job Ownership). وكان من أهم النتائج التي توصلت إليها الدراسة:

— إن عنصر الثقة هام جدا لنجاح تطبيق مفهوم التمكين، وأن الثقة يجب أن تكون مشتركة بين القادة والسياسيين والموظفين.

— إن البيروقراطية والتأثير السياسي يؤثران سلبا على التمكين.

كما توصلت الدراسة إلى أن التأثير السياسي يؤثر بشكل سلبي على تمكين الموظفين بدرجة أكبر من البيروقراطية.

دراسة ماندي فورت (Mandefrot, 2003) بعنوان: "التمكين في أماكن العمل الجديدة: دراسة كمية للوسائل والخبرات.

هدفت هذه الدراسة على التعرف على معنى التمكين لدى عينة مقصودة من الخبراء تتكون من ثمانية خبراء كنديين تتراوح أعمارهم ما بين (30-35) سنة، وقد تمت الدراسة باستخدام أسلوب المقابلة الفردية التي استمرت من (60-90) دقيقة. ثم تمت مراجعة هذه المعلومات وتحليلها لمعرفة الأمور المفاهيمية المشتركة بين المشاركين، وتم عمل اختبار صدق داخلي ومراجعة النتائج بعد تحليلها وترتيبها مع المشاركين للتأكد منها.

أظهرت الدراسة عددا من النقاط المشتركة لمفهوم التمكين، وقد أظهر هؤلاء المختصون خلال خبرتهم عدم الرضا عن البرامج الموجودة وأن بعضها لا يتضمن التمكين فعليا.

دراسة أوزبورن (Osborn, 2002) بعنوان: "مكونات التمكين وكيف تؤثر بصورة مختلفة على الرضا الوظيفي للعاملين، والالتزام المنظمي، والنية لترك العمل.

هدفت هذه الدراسة إلى تقييم مكونات وأبعاد التمكين الأربعة لـ (Thomas & Velthouse, 1990) وهـي: المعنـى والمقـدرة وحريـة الاختيار(الاستقلالية والتأثير)، وكيفية ارتباطها مـع مخرجـات المنظمـة والـولاء التنظيمـي والرضـا الـوظيفي والنيـة في تـرك العمـل. وقـد تـم الحصـول عـلى المعلومات من خلال تصميم استبانة تم توزيعها على عينة تتكون مـن (328) من الموظفين في إحدى الولايات الجنوبية الأمريكيـة مـن كـلا القطاعين العـام والخاص.

أظهرت النتائج ارتباط مكونات التمكين مع الالتزام نحو المنظمة بشكل إيجابي ما عدا المقدرة، حيث كانت دالة بشكل سلبي. وبالنسبة للرضا الـوظيفي فقد وجد أن المعنى والاختيار لهما تأثير دال في حين أن المقدرة والتأثير لم يكن لهما تأثير دال على الرضا الوظيفي، كما أنه لم توجد علاقة دالة بين مكونات التمكين والنية بترك العمل. ثم تم عمل مقارنة بين النتائج التي تـم الوصول إليهـا بـين القطاع العام والخاص، حيث أظهرت النتائج أن موظفي القطاع العـام لـديهم التزام ورضا وظيفي أكثر من القطاع الخاص.

دراسة قام بها موك وأويونج (Moke & Au-Yeung, 2002) بعنوان: "العلاقة بين الفاعلية التنظيمية والتمكين للممرضات في هونج كونج.

هدفت هذه الدراسة على فحص العلاقة بين المناخ التنظيمي بأبعاده المختلفة، وهي: (النمط القيادي، تجانس العمل، التحدي، العمل كفريق والمشاركة في اتخاذ القرارات)، وبين التمكين الإداري، وقد تكونت عينة الدراسة من (250) ممرضة يعملن في قسم النسائية، وقد استخدمت الدراسة أسلوب تحليل الانحدار المتعدد لاختبار العلاقة بين متغيرات الدراسة.

وتوصلت الدراسة إلى وجود علاقة إيجابية بين المناخ التنظيمي بأبعاده المختلفة وبين التمكين الإداري وكانت أقوى العلاقات الارتباطية بين النمط القيادي والعمل كفريق من جهة وبين التمكين الإداري من جهة أخرى. كما توصلت الدراسة من خلال سؤال مفتوح تصورات أفراد العينة لأبعاد المناخ التنظيمي المؤثرة في عملية التمكين الإداري، إلى أنه هناك ستة عناصر من المناخ التنظيمي بإمكانها التأثير على عملية التمكين الإداري، وهي: (النمط القيادي، نظام الاتصالات، علاقات العمل، التدريب، فرق العمل، إدارة الضغوط، الاحترام والتقدير).

دراسة (McArthur & Ronald, 2002) بعنوان: "القيادة الديمقراطية والتمكين في المجتمع.

اهتمت هذه الدراسة بدور عمداء كليات المجتمع في الولايات المتحدة الأمريكية وعلاقتهم مع العاملين فيها. وتوصلت الدراسة إلى وجود مجموعة من السمات السلبية التي يتسم بها المناخ التنظيمي في هذه الكليات وهي

سيادة النمط القيادي الأوتوقراطي وطريقة اتخاذ القرارات من أعلى إلى أسفل وفقدان الثقة بين عمداء الكليات والعاملين ومقاومة التغيير.

وقد توصلت الدراسة إلى أن مجموعة السمات السلبية تشكل عوائق لتمكين العاملين بمن فيهم أعضاء هيئة التدريس. واقترحت مجموعة من الإستراتيجيات وذلك للمساهمة في تمكين العاملين ومن أهمها: تغير دور العمداء ليكونوا مطورين وقادة ووسطاء ومسهلين لمرؤوسيهم بالإضافة إلى تأهيل وتطوير العمداء بالاعتماد على أسلوب التدريب الرسمي وليس أسلوب التدريب غير الرسمي وإتاحة الفرصة للعاملين للمشاركة في اتخاذ القرارات وذلك لمساعدتهم في تقبل التغيير والاعتماد على أسلوب تفويض السلطة من قبل العمداء للعاملين في الكليات.

دراسة المؤسسة الدولية للأبحاث (ISR, 2001) بعنوان: "تقليل الوقت المهدور من خلال التمكين.حيث تمت دراسة العلاقة بين اتجاه الموظفين للتمكين وبين الساعات المهدورة بسبب الإجازات المرضية في مؤسسة مالية رئيسة في بريطانيا، وأظهر تحليل البيانات الذي تم تجميعه من (200) فرع لمدة فصلين متتاليين من السنة المالية، أن هناك علاقة سلبية بين مستوى التمكين ونسبة الوقت المهدور في المؤسسة، وبشكل عام فإن الفروع التي لدى موظفيها إدراك للتمكين بشكل عال لديهم نسبة أقل من الوقت المهدور بسبب المغادرات والإجازات الصحية، كما أن التمكين يؤدي إلى توفير مبالغ كبيرة بسبب توفير الوقت المهدور.

دراسة (Ugboro & Obeng, 2000) بعنوان القيادة والإدارة العليا، وتمكين العاملين والرضا عن العمل،ورضا العملاء.".

تضمنت هذه الدراسة مسحا للمنظمات التي تعتمد إدارة الجودة الشاملة من أجل اختبار العلاقة بين دور القيادة الإدارية العليا في تمكين العاملين وتحقيق الرضا الوظيفي ورضا الزبائن.

وقد توصلت الدراسة إلى وجود علاقة إيجابية بين دور القيادة الإدارية العليا والمتغيرات المذكورة. كما توصلت الدراسة إلى أهمية دور القيادة الإدارية العليا في تمكين العاملين ورفع مستويات الرضا الوظيفي لديهم.

3-4-2 ملخص الدراسات السابقة وموقع الدراسة الحالية منها

تناولت العديد من الدراسات العوامل المؤثرة على التمكين الإداري كدراسة الضمور (2008)، كما تناولت دراسات أخرى درجة مقاومة التغيير التنظيمي وعلاقتها بالفاعلية التنظيمية كدراسة الشوابكة (2007)، وربطت دراسة العتيبي (2007) بين الأنماط القيادية والتمكين الإداري، وتعرضت دراسة أندراوس (2006) لموضوع ممارسة مفاهيم الثقة والتمكين، أما دراسة الزيدانيين (2006) فبحثت أثر التمكين في تطبيق مبادئ إدارة الجودة الشاملة، أما دراسة العبيدين فبحثت العلاقة بين التمكين الإداري وخصائصه الوظيفية، كما تناولت الدراسات الأجنبية موضوع التمكين الإداري، مثل دراسة (Sasiadek, 2006)، أما دراسات أخرى فبحثت العلاقة بين الفاعلية التنظيمية ومتغيرات أخرى مثل دراسة (Rieth & Biderman, 2003) أما الدراسة الحالية فتتميز عن الدراسات السابقة من حيث أنها الدراسة الأولى حسب علم الباحث التي ربطت بين التمكين والفاعلية التنظيمية كبعدين أساسيين وتطبيقهما على أمانة عمان الكبرى ، مما يشكل إضافة علمية للمكتبة العربية.

الفصل الثالث

الطريقة والإجراءات

3_1 منهجية الدراسة

3_2 مجتمع الدراسة

3_3 أداة الدراسة

3_4 صدق أداة الدراسة

3_5 ثبات أداة الدراسة

3_6 المعالجة الإحصائية

3- الطريقة والإجراءات

3-1 منهجية الدراسة:

تعتمد هذه الدراسة على المنهج الوصفي باستعراض الأدب الإداري المتعلق بمفهوم التمكين ، وفاعلية المنظمة، والدراسات السابقة ذات الصلة بموضوع الدراسة، أما الجانب التطبيقي من هذه الدراسة، فقد حاول اختبار صحة فرضيات الدراسة، والإجابة عن تساؤلاتها، من خلال الاعتماد على نتائج الاستبانة التي تم تطويرها لأغراض هذه الدراسة.

3-2 مجتمع الدراسة:

تكون مجتمع الدراسة من جميع مدراء مناطق أمانة عمان الكبرى ومساعديهم(رئيس القسم الهندسي) ورؤساء الأقسام الأخرى والشعب في (27) منطقة، والبالغ عددهم (302) مدير ومساعد ورئيس قسم ورئيس شعبة (ملحق: أ). هذا وقد تم مسح مجتمع الدراسة بالكامل، ووزعت الاستبانات على أفراد مجتمع الدراسة، فاسترد منها (297) استبانة ما نسبته (98.3%) من مجتمع الدراسة، ويبين الجدول (1) توزيع أفراد مجتمع الدراسة حسب المتغيرات الشخصية والوظيفية.

جدول رقم (1): توزيع أفراد مجتمع الدراسة حسب المتغيرات الشخصية والوظيفية

المتغير	فئات المتغير	التكرار	النسبة المئوية
الجنس	ذكر	226	76.1
	أنثى	71	23.9
العمر	25 سنة فأقل	24	8.1
	من 26 الى 35 سنة	104	35
	من 36 الى 45 سنة	106	35.7
	من 46 الى 55 سنة	58	19.5
	56 سنة فأكثر	5	1.7
المؤهل العلمي	دبلوم متوسط	61	20.5
	بكالوريوس	205	69
	ماجستير	27	9.1
	دكتوراه	4	1.3
الخبرة	5 سنوات فأقل	39	13.1
	من 6 الى 10 سنوات	78	26.3
	من 11 الى 15 سنة	82	27.6
	من 16 الى 20 سنة	47	15.8
	21 سنة فأكثر	51	17.2

3-3 أداة الدراسة:

تحقيقا لأغراض هذه الدراسة تم تطوير استبانه بالاعتماد على الأدب النظري لمفهوم التمكين، وفاعلية المنظمة، بالإضافة للاطلاع على الأدوات المستخدمة في الدراسات السابقة كدراسة العبيدين(2004)ودراسة الزيدانيين (2006) فيما يتعلق بقياس التمكين، وتشتمل أداة الدراسة على ثلاثة أجزاء:

الجزء الأول: خصص لجمع البيانات الشخصية والوظيفية عن المدراء وأصحاب القرار في مناطق أمانة عمان الكبرى، وتشتمل على الجنس، والعمر، والمؤهل العلمي، والخبرة.

أما الجزء الثاني: من الاستبانة فقد خصص لقياس التمكين، وتضمنت الاستبانة فقرات تقيس جميع أبعاد التمكين (العمل الجماعي، وتطوير الشخصية، والتقليد والمحاكاة، والسلوك الإبداعي، وتفويض السلطة، والتحفيز الذاتي).

أما الجزء الثالث: من الاستبانة فقد خصص لقياس فاعلية المنظمة، وتضمنت الاستبانة فقرات تقيس جميع أبعاد فاعلية المنظمة (تحديد المشكلة، وتقييم البدائل وتطويرها، وتحقيق الأهداف، والقدرة على التكيف مع البيئة، وتقديم الخدمات بجودة عالية).

واستخدم مقياس (ليكرت Likert) الخماسي الذي يحتسب أوزان تلك الفقرات على النحو التالي: (موافق بشدة) ويمثل (5 درجات)، و(موافق) ويمثل (4 درجات)، و(محايد) ويمثل

(3 درجات)، و(غير موافق) ويمثل (2 درجة)، (غير موافق بشدة) ويمثل (1 درجة).

وتضمنت الاستبانة (40) فقرة تشمل متغيرات الدراسة (المستقلة والتابعة)، (الملحق: ب) وذلك على النحو التالي:

1- الفقرات من (1 - 22) وتقيس المتغير المستقل (التمكين الإداري)، وقد وزعت هذه الفقرات لتشمل ستة أبعاد مستقلة أساسية هي:-

الفقرات من (1 - 4) وتقيس بعد (العمل الجماعي).

الفقرات من (5 - 8) وتقيس بعد (تطوير الشخصية).

الفقرات من (9 - 11) وتقيس بعد (التقليد والمحاكاة).

الفقرات من (12 - 15) وتقيس بعد (السلوك الإبداعي).

الفقرات من (16 - 18) وتقيس بعد (تفويض السلطة).

الفقرات من (19 - 22) وتقيس بعد (التحفيز الذاتي).

2- الفقرات من (23-40) وتقيس المتغير التابع (فاعلية المنظمة)، وقد وزعت هذه الفقرات لتشمل خمسة أبعاد تابعة أساسية هي:

الفقرات من (23 - 24) وتقيس بعد (تحديد المشكلة).

الفقرات من (25 - 29) وتقيس بعد (تقييم البدائل وتطويرها).

الفقرات من (30 - 33) وتقيس بعد (مدى تحقيق الهدف).

الفقرات من (34 - 37) وتقيس بعد (القدرة على التكيف مع البيئة).

الفقرات من (38 - 40) وتقيس بعد (تقديم الخدمات بجودة عالية).

وإن قيم المتوسطات الحسابية للفقرات اعتمدت على معيار التفسير: إذا كانت قيمة المتوسط الحسابي للفقرات أكبر من (3.5) فأكثر فيكون مستوى تقدير أفراد مجتمع الدراسة مرتفعا، أما إذا كانت قيمة المتوسط الحسابي (2.5- 3.5) فإن مستوى تقدير أفراد مجتمع الدراسة متوسط، وإذا كان المتوسط الحسابي اقل (2.5)فما دون فإن مستوى تقدير أفراد مجتمع الدراسة منخفض.

3-4 صدق أداة الدراسة:

عرضت الاستبانة على خمسة محكمين من أساتذة إدارة الأعمال في الجامعات الرسمية الأردنية وخمسة مختصين في أمانة عمان الكبرى (الملحق: ج)، للتحقق من الصدق الظاهري لاستبانة الدراسة في قياسها لمتغيرات الدراسة (المستقلة والتابع)، من خلال إبداء آرائهم وملاحظاتهم واقتراحاتهم حول درجة تمثيل فقرات الاستبانة للتمكين وفاعلية المنظمة، ومدى شموليتها وسلامة صياغتها اللغوية، إذ تم تعديل فقرات أداة الدراسة في ضوء ملاحظاتهم.

3-5 ثبات أداة الدراسة:

تم من ثبات استبانة الدراسة باستخراج معامل الاتساق الداخلي لها، بالاعتماد على معادلة كرونباخ ألفا (Cronbach Alpha) لكل متغير بجميع أبعاده من متغيرات الدراسة، وكانت معاملات الثبات لجميع المتغيرات، مرتفعة وهي نسب ثبات جيدة ومقبولة في البحوث والدراسات الإنسانية، ويبين الجدول (2) نتائج الاختبار.

جدول رقم (2): قيم معامل الثبات لكل متغير من متغيرات الدراسة

متغيرات الدراسة	المتغيرات الفرعية	الفقرات	معامل كرونباخ الفا
التمكين	العمل الجماعي	4-1	0.74
	تطوير الشخصية	8-5	0.70
	التقليد والمحاكاه	11-9	0.72
	السلوك الإبداعي	15-12	0.82
	تفويض السلطة	18-16	0.76
	التحفيز الذاتي	22-19	0.80
فاعلية المنظمة	تحديد المشكلة	24-23	0.75
	تقييم البدائل وتطويرها	29-25	0.79
	مدى تحقيق الهدف	33-30	0.77
	القدرة على التكيف مع البيئة	37-34	0.70
	تقديم الخدمات بجودة عالية	40-38	0.70

6-3 المعالجة الإحصائية:

تم استخدام الرزم الإحصائية للعلوم الاجتماعية (SPSS) (statistical Package for Social Science) لإجراء التحليل الوصفي للإجابة عن تساؤلات الدراسة واختبار فرضياتها، وذلك على النحو التالي :-

1. التكرارات والنسب المئوية (Frequencies, Percents) للتعرف على خصائص مجتمع الدراسة.
2. المتوسطات الحسابيـــة والانحرافـات المعياريـــــة

(Means, Std. Deviation) لتحليل فقرات الاستبانة وترتيبها حسب أهميتها بالاعتماد على متوسطاتها الحسابية للإجابة عن أسئلة الدراسة.

3. اختبار الانحدار المتعدد (Multiple Regression) لاختبار فرضية الدراسة الأولى، والفرضيات الفرعية النابعة منها.
4. اختبار تحليل التباين الأحادي (One-Way ANOVA) لاختبار فرضيتي الدراسة الثانية والثالثة.

الفصل الرابع
عرض النتائج

عرض النتائج

يتضمن هذا الفصل عرضا لنتائج الدراسة التي تم التوصل إليها من خلال الإجابة عن أسئلتها، واختبار فرضياتها.

4-1 الإجابة عن أسئلة الدراسة

4-1-1 السؤال الأول: ما مستوى التمكين لدى مدراء مناطق أمانة عمان الكبرى؟

للإجابة عن هذا السؤال استخرجت المتوسطات الحسابية والانحرافات المعيارية لتصورات أفراد مجتمع الدراسة لمستوى التمكين لدى مدراء مناطق أمانة عمان الكبرى، والجدول (3) يبين ذلك.

جدول رقم (3): المتوسطات الحسابية والانحرافات المعيارية لإجابات أفراد مجتمع الدراسة عن التمكين بأبعاده المختلفة في مناطق أمانة عمان الكبرى مرتبة تنازليا

الرتبة	رقم البعد	أبعاد التمكين	المتوسط الحسابي	الانحراف المعياري	مستوى التمكين
1	2	تطوير الشخصية	3.99	0.55	مرتفع
2	1	العمل الجماعي	3.89	0.55	مرتفع
3	5	تفويض السلطة	3.88	0.58	مرتفع
4	6	التحفيز الذاتي	3.81	0.62	مرتفع
5	4	السلوك الإبداعي	3.71	0.70	مرتفع
6	3	التقليد والمحاكاة	3.66	0.67	مرتفع
الكلـــي			**3.83**	**0.50**	**مرتفع**

يظهر من الجدول (3) أن المتوسط العام للتمكين بلغ (3.83)، وهذا يعني أن إدارة التغيير وفقا لتصورات أفراد مجتمع الدراسة ذات مستوى مرتفع. وبتحليل أبعاد التمكين ، يتضح أن بعد تطوير الشخصية احتل الرتبة الأولى بمتوسط حسابي قدره (3.99)، يليه بعد العمل الجماعي بمتوسط حسابي بلغ (3.89)، يليه بعد تفويض السلطة بمتوسط حسابي بلغ (3.88)، يليه بعد التحفيز الذاتي بمتوسط حسابي بلغ (3.81)، يليه بعد السلوك الإبداعي بمتوسط حسابي بلغ (3.71)، وفي الرتبة الأخيرة جاء بعد التقليد والمحاكاه بمتوسط حسابي قدره (3.66)، وكانت تصورات أفراد مجتمع الدراسة لهذه الأبعاد ذات مستوى مرتفع. وتم تحليل فقرات كل بعد من أبعاد التمكين ، وعلى النحو الآتي:

أولا: تصورات أفراد مجتمع الدراسة للعمل الجماعي:

استخرجت المتوسطات الحسابية والانحرافات المعيارية لتصورات أفراد مجتمع الدراسة على فقرات متغير العمل الجماعي، والجدول (4) يبين ذلك.

جدول رقم (4): المتوسطات الحسابية والانحرافات المعيارية لإجابات أفراد مجتمع الدراسة عن فقرات متغير العمل الجماعي مرتبة تنازليا

الرتبة	رقم الفقرة	الفقرة	المتوسط الحسابي	الانحراف المعياري	مستوى العمل الجماعي
1	2	تشجع الأمانة العاملين على طرح أفكار جديدة.	3.99	0.72	مرتفع
2	3	أسعى إلى تقليد الأفراد المميزين.	3.88	0.83	مرتفع
3	1	تقوم الإدارة بتفويض سلطات كافية لإنجاز المهام الوظيفة.	3.87	0.83	مرتفع
4	4	تشجع الأمانة العاملين بتجربة الأفكار الجديدة الإبداعية.	3.83	0.81	مرتفع
الكلـــي			**3.89**	**0.55**	**مرتفع**

يظهر من الجدول (4) أن المتوسطات الحسابية لفقرات هذا البعد المتعلقة بالعمل الجماعي قد تراوحت ما بين (3.83) للفقرة (4) التي احتلت الرتبة الأخيرة و(3.99) للفقرة (2) التي احتلت الرتبة الأولى وبمتوسط حسابي عام لجميع الفقرات بلغ (3.89)، وهذا يعني أن العمل الجماعي وفقا لتصورات أفراد مجتمع الدراسة ذات مستوى مرتفع، وعلى جميع الفقرات.

ثانيا: تصورات أفراد مجتمع الدراسة لتطوير الشخصية:

استخرجت المتوسطات الحسابية والانحرافات المعيارية لتصورات أفراد مجتمع الدراسة على فقرات متغير تطوير الشخصية، والجدول (5) يبين ذلك.

جدول رقم (5): المتوسطات الحسابية والانحرافات المعيارية لإجابات أفراد مجتمع الدراسة عن فقرات متغير تطوير الشخصية مرتبة تنازليا

الرتبة	رقم الفقرة	الفقرة	المتوسط الحسابي	الانحراف المعياري	مستوى تطوير لشخصية
1	5	يتطلب العمل في الأمانة التعاون المشترك مع الزملاء.	4.27	0.63	مرتفع
2	6	أطور مهاراتي المهنية بالاستفادة من الأفراد المميزين في العمل.	4.08	0.75	مرتفع
3	8	يشجع نظام الحوافز والمكافآت العاملين على تطوير الذات.	3.86	0.98	مرتفع
4	7	توفر الإدارة المرونة المناسبة للتصرف حيال مهام العمل.	3.75	0.82	مرتفع
		الكلـــي	3.99	0.55	مرتفع

يظهر من الجدول (5) أن المتوسطات الحسابية لفقرات هـذا البعـد والمتعلقـة بتطوير الشخصية قد تراوحت ما بين (3.75) للفقـرة (7) التي احتلـت الرتبـة الأخيرة و(4.27) للفقرة (5) التي احتلت الرتبة الأولى وبمتوسط حسابي عام

لجميع الفقرات بلغ (3.99)، وهذا يعني أن تطوير الشخصية وفقا لتصورات أفراد مجتمع الدراسة ذات مستوى مرتفع، وعلى جميع الفقرات.

ثالثا: تصورات أفراد مجتمع الدراسة للتقليد والمحاكاة:

استخرجت المتوسطات الحسابية والانحرافات المعيارية لتصورات أفراد مجتمع الدراسة على فقرات متغير التقليد والمحاكاة، والجدول (6) يبين ذلك.

جدول رقم (6): المتوسطات الحسابية والانحرافات المعيارية لإجابات أفراد مجتمع الدراسة عن فقرات متغير التقليد والمحاكاة مرتبة تنازليا

مستوى التقليد والمحاكاه	الانحراف المعياري	المتوسط الحسابي	الفقرة	رقم الفقرة	الرتبة
مرتفع	0.88	3.80	يساعدني أسلوب تقليد المتميزين في العمل على التخلص من سلوكياتي السلبية.	9	1
مرتفع	0.84	3.66	تثق إدارة الأمانة بقدرات العاملين على أداء المهام المفوضة لهم.	11	2
مرتفع	0.93	3.51	يسود جو من الثقة بين العاملين في الأمانة.	10	3
مرتفع	**0.67**	**3.66**	**الكلـــــي**		

يظهر من الجدول (6) أن المتوسطات الحسابية لفقرات هذا البعد والمتعلقة بالتقليد والمحاكاة قد تراوحت ما بين (3.51) للفقرة (10) التي احتلت الرتبة الأخيرة و(3.80) للفقرة (9) التي احتلت الرتبة الأولى وبمتوسط حسابي عام لجميع الفقرات بلغ (3.66)، وهذا يعني أن التقليد والمحاكاة وفقا لتصورات أفراد مجتمع الدراسة ذات مستوى مرتفع، وعلى جميع الفقرات.

رابعا: تصورات أفراد مجتمع الدراسة للسلوك الإبداعي:

استخرجت المتوسطات الحسابية والانحرافات المعيارية لتصورات أفراد مجتمع الدراسة على فقرات متغير السلوك الإبداعي، والجدول (7) يبين ذلك.

جدول رقم (7): المتوسطات الحسابية والانحرافات المعيارية لإجابات أفراد مجتمع الدراسة عن فقرات متغير السلوك الإبداعي مرتبة تنازليا

مستوى السلوك الإبداعي	الانحراف المعياري	المتوسط الحسابي	الفقرة	رقم الفقرة	الرتبة
مرتفع	0.83	3.92	تشجع الأمانة العمل بروح الفريق.	15	1
مرتفع	0.82	3.73	تنمي الإدارة حس تحمل المسؤولية لدى العاملين.	14	2
مرتفع	0.85	3.70	تعمل الأمانة على توفير فرص جديدة لتطوير المسار الوظيفي.	12	3
متوسط	0.95	3.47	تقدم الأمانة الدعم المالي والمعنوي لتنفيذ الأفكار الإبداعية.	13	4
مرتفع	0.70	3.71	الكلــــي		

يظهر من الجدول (7) أن المتوسطات الحسابية لفقرات هذا البعد والمتعلقة بالسلوك الإبداعي قد تراوحت ما بين (3.47) للفقرة (13) التي احتلت الرتبة الأخيرة و(3.92) للفقرة (15) التي احتلت الرتبة الأولى وبمتوسط حسابي عام لجميع الفقرات بلغ (3.71)، وهذا يعني أن السلوك الإبداعي وفقا لتصورات أفراد مجتمع الدراسة ذات مستوى مرتفع، وعلى معظم الفقرات باستثناء الفقرة (13) فقد كانت ذات مستوى متوسط.

خامسا: تصورات أفراد مجتمع الدراسة لتفويض السلطة:

استخرجت المتوسطات الحسابية والانحرافات المعيارية لتصورات أفراد مجتمع الدراسة على فقرات متغير تفويض السلطة، والجدول (8) يبين ذلك.

جدول رقم (8): المتوسطات الحسابية والانحرافات المعيارية لإجابات أفراد مجتمع الدراسة عن فقرات متغير تفويض السلطة مرتبة تنازليا

الرتبة	رقم الفقرة	الفقرة	المتوسط الحسابي	الانحراف المعياري	مستوى تفويض السلطة
1	16	**تعقد الأمانة دورات ولقاءات مختلفة للعاملين.**	4.15	0.59	مرتفع
2	17	**يشجع المديرين في الأمانة مرؤوسيهم لتقديم حلول ابتكاريه.**	3.77	0.79	مرتفع
3	18	**توفر الأمانة فرص لتطوير الذات.**	3.73	0.84	مرتفع
الكلي			**3.88**	**0.58**	**مرتفع**

يظهر من الجدول (8) أن المتوسطات الحسابية لفقرات هذا البعد والمتعلقة بتفويض السلطة قد تراوحت ما بين (3.73) للفقرة (18) التي احتلت الرتبة الأخيرة و(4.15) للفقرة (16) التي احتلت الرتبة الأولى وبمتوسط

حسابي عام لجميع الفقرات بلغ (3.88)، وهذا يعني أن تفويض السلطة وفقا لتصورات أفراد مجتمع الدراسة ذات مستوى مرتفع، وعلى جميع الفقرات.

سادسا: تصورات أفراد مجتمع الدراسة للتحفيز الذاتي:

استخرجت المتوسطات الحسابية والانحرافات المعيارية لتصورات أفراد مجتمع الدراسة على فقرات متغير التحفيز الذاتي، والجدول (9) يبين ذلك.

جدول رقم (9): المتوسطات الحسابية والانحرافات المعيارية لإجابات أفراد مجتمع الدراسة عن فقرات متغير التحفيز الذاتي مرتبة تنازليا

مستوى التحفيز الذاتي	الانحراف المعياري	المتوسط الحسابي	الفقرة	رقم الفقرة	الرتبة
مرتفع	0.65	4.09	لدي الدافع للمساهمة في تحقيق أهداف الأمانة.	21	1
مرتفع	0.72	3.88	تساعد الأنظمة والتعليمات على النمو المهني والأكاديمي للعاملين فيها.	22	2
مرتفع	0.83	3.67	تشجع إدارة الأمانة العمل الجماعي بالتعبير عن أرائهم.	20	3
مرتفع	0.92	3.62	تهتم إدارة الأمانة بآراء العاملين فيما يتعلق بالعمل.	19	4
مرتفع	**0.62**	**3.81**	**الكلــــي**		

يظهر من الجدول (9) أن المتوسطات الحسابية لفقرات هذا البعد والمتعلقة بالتحفيز الذاتي قد تراوحت ما بين (3.62) للفقرة (19) التي احتلت الرتبة الأخيرة و(4.09) للفقرة (21) التي احتلت الرتبة الأولى وبمتوسط حسابي عام لجميع الفقرات بلغ (3.62)، وهذا يعني أن التحفيز الذاتي وفقا لتصورات أفراد مجتمع الدراسة ذات مستوى مرتفع، وعلى جميع الفقرات.

4-1-2 السؤال الثاني: ما مستوى فاعلية أمانة عمان الكبرى؟

للإجابة عن هذا السؤال استخرجت المتوسطات الحسابية والانحرافات المعيارية لتصورات أفراد مجتمع الدراسة لمستوى فاعلية أمانة عمان الكبرى ، والجدول (10) يبين ذلك.

جدول رقم (10): المتوسطات الحسابية والانحرافات المعيارية لإجابات أفراد مجتمع الدراسة عن مستوى فاعلية أمانة عمان الكبرى بأبعادها المختلفة مرتبة تنازليا

الرتبة	رقم البعد	أبعاد فاعلية أمانة عمان الكبرى	المتوسط الحسابي	الانحراف المعياري	مستوى فاعلية الأمانة
1	5	تقديم الخدمات بجودة عالية	4.11	0.47	مرتفع
2	4	القدرة على التكيف مع البيئة	4.09	0.45	مرتفع
3	1	تحديد المشكلة	3.99	0.56	مرتفع
4	2	تقييم البدائل وتطويرها	3.88	0.53	مرتفع
5	3	مدى تحقيق الهدف	3.88	0.55	مرتفع
الكلـــي			**3.98**	**0.43**	**مرتفع**

يظهر من الجدول (10) أن المتوسط العام لفاعلية أمانة عـمان الكـبرى بلغ (3.98)، وهذا يعني أن فاعلية أمانة عـمان الكـبرى وفقـا لتصورات أفـراد مجتمـع الدراسـة ذات مسـتوى مرتفـع. وبتحليـل أبعـاد فاعليـة أمانـة عـمان الكـبرى، يتضـح أن بعـد تقديم الخـدمات بجـودة عاليـة احتـل الرتبـة الأولى بمتوسط حسابي قدره (4.11)، يليه بعد القدرة على التكيف مع البيئة بمتوسط حسابي بلغ (4.09)، يليه بعد تحديد المشكلة بمتوسط حسابي بلغ (3.99)، يليه بعد تقييم البدائل وتطويرها بمتوسط حسابي بلغ (3.88)، وفي المرتبـة الأخيـرة بعد مدى تحقيق الهدف بمتوسط حسابي بلغ (3.88)، وكانـت تصورات أفـراد مجتمع الدراسة لهذه الأبعاد ذات مستوى مرتفع. وقد تم تحليل فقـرات كـل بعد من أبعاد فاعلية أمانة عمان الكبرى، وعلى النحو الآتي:

أولا: تصورات أفراد مجتمع الدراسة لتحديد المشكلة:

استخرجت المتوسطات الحسابية والانحرافات المعيارية لتصورات أفراد مجتمع الدراسة على فقرات متغير تحديد المشكلة، والجدول (11) يبين ذلك.

جدول رقم (11): المتوسطات الحسابية والانحرافات المعيارية لإجابات أفراد مجتمع الدراسة

عن فقرات متغير تحديد المشكلة مرتبة تنازليا

الرتبة	رقم الفقرة	الفقرة	المتوسط الحسابي	الانحراف المعياري	مستوى تحديد المشكلة
1	23	أستطيع حصر البدائل المتاحة لمعالجة المشكلات التي تواجهني في العمل.	4.10	0.50	مرتفع
2	24	تضع الأمانة أهداف قابلة للتحقيق.	3.89	0.82	مرتفع
الكلــــي			3.99	0.56	مرتفع

يظهر من الجدول (11) أن المتوسطات الحسابية لفقرات هذا البعد والمتعلقة بتحديد المشكلة قد تراوحت ما بين (3.89) للفقرة (24) التي احتلت الرتبة الأخيرة و(4.10) للفقرة (23) التي احتلت الرتبة الأولى وبمتوسط حسابي عام لجميع الفقرات بلغ (3.99)، وهذا يعني أن تحديد المشكلة وفقا لتصورات أفراد مجتمع الدراسة ذات مستوى مرتفع، وعلى جميع الفقرات.

ثانيا: تصورات أفراد مجتمع الدراسة لتقييم البدائل وتطويرها:

استخرجت المتوسطات الحسابية والانحرافات المعيارية لتصورات أفراد مجتمع الدراسة على فقرات متغير تقييم البدائل وتطويرها، والجدول (12) يبين ذلك.

جدول رقم (12): المتوسطات الحسابية والانحرافات المعيارية لإجابات أفراد مجتمع الدراسة عن فقرات متغير تقييم البدائل وتطويرها مرتبة تنازليا

الرتبة	رقم الفقرة	الفقرة	المتوسط الحسابي	الانحراف المعياري	مستوى تقييم البدائل وتطويرها
1	25	لدي القدرة على تحديد مشكلات العمل.	4.18	0.56	مرتفع
2	29	لدي المقدرة على تحديد ايجابيات وسلبيات البدائل المطروحة.	4.11	0.57	مرتفع
3	26	لدي القدرة على تحديد تكلفة كل بديل من البدائل.	3.83	0.84	مرتفع
4	28	تسعى الأمانة إلى إيجاد التوافق والانسجام بين أهدافها وأهداف العاملين فيها .	3.70	0.87	مرتفع
5	27	تحقق الأمانة متطلبات شهادة الآيزو/ آيزو9001 : 2000 .	3.58	1.04	مرتفع
		الكلي	**3.88**	**0.53**	**مرتفع**

يظهر من الجدول (12) أن المتوسطات الحسابية لفقرات هذا البعد والمتعلقة بتقييم البدائل وتطويرها قد تراوحت ما بين (3.58) للفقرة (27) التي

احتلت الرتبة الأخيرة و(4.18) للفقرة (25) التي احتلت الرتبة الأولى وبمتوسط حسابي عام لجميع الفقرات بلغ (3.88)، وهذا يعني أن تقييم البدائل وتطويرها وفقا لتصورات أفراد مجتمع الدراسة ذات مستوى مرتفع، على جميع الفقرات.

ثالثا: تصورات أفراد مجتمع الدراسة لمدى تحقيق الهدف:

استخرجت المتوسطات الحسابية والانحرافات المعيارية لتصورات أفراد مجتمع الدراسة على فقرات متغير مدى تحقيق الهدف، والجدول (13) يبين ذلك.

جدول رقم (13): المتوسطات الحسابية والانحرافات المعيارية لإجابات أفراد مجتمع الدراسة عن فقرات متغير مدى تحقيق الهدف مرتبة تنازليا

الرتبة	رقم الفقرة	الفقرة	المتوسط الحسابي	الانحراف المعياري	مدى تحقيق الهدف
1	33	**باستطاعتي توقع مدى ملائمة البدائل المطروحة في معالجة المشكلات التي تواجهني.**	4.09	0.57	مرتفع
2	31	**أتوقع مسبقا النتائج المترتبة على كل بديل من البدائل.**	3.91	0.71	مرتفع
3	32	**يتقبل العاملين أهداف الأمانة الرئيسة.**	3.78	0.75	مرتفع
4	30	**توفر لي الأمانة المعلومات الكافية عن المشكلات التي تواجهني في العمل.**	3.71	0.80	مرتفع
		الكلي	3.88	**0.55**	مرتفع

يظهر من الجدول (13) أن المتوسطات الحسابية لفقرات هذا البعد والمتعلقة بمدى تحقيق الهدف قد تراوحت ما بين (3.71) للفقرة (30) التي

يظهر من الجدول (13) أن المتوسطات الحسابية لفقرات هذا البعد والمتعلقة بمدى تحقيق الهدف قد تراوحت ما بين (3.71) للفقرة (30) التي احتلت الرتبة الأخيرة و(4.09) للفقرة (33) التي احتلت الرتبة الأولى وبمتوسط حسابي عام لجميع الفقرات بلغ (3.88)، وهذا يعني أن مدى تحقيق الهدف وفقا لتصورات أفراد مجتمع الدراسة ذات مستوى مرتفع، وعلى جميع الفقرات.

رابعا: تصورات أفراد مجتمع الدراسة للقدرة على التكيف مع البيئة:

استخرجت المتوسطات الحسابية والانحرافات المعيارية لتصورات أفراد مجتمع الدراسة على فقرات متغير القدرة على التكيف مع البيئة، والجدول (14) يبين ذلك.

جدول رقم (14): المتوسطات الحسابية والانحرافات المعيارية لإجابات أفراد مجتمع الدراسة عن فقرات متغير القدرة على التكيف مع البيئة مرتبة تنازليا

الرتبة	رقم الفقرة	الفقرة	المتوسط الحسابي	الانحراف المعياري	مستوى القدرة على التكيف مع البيئة
1	37	امتلك المقدرة على التكيف مع الظروف الطارئة.	4.28	0.60	مرتفع
2	35	استطيع القيام بالمهام الموكلة لي حسب طبيعة البيئة .	4.20	0.56	مرتفع
3	34	يوجد ترابط وتكامل بين الهدف الرئيسي للمؤسسة والأهداف الفرعية .	3.97	0.72	مرتفع
4	36	تقدم الأمانة خدماتها بجودة عالية .	3.90	0.75	مرتفع
الكلي			**4.09**	**0.45**	**مرتفع**

يظهر من الجدول (14) أن المتوسطات الحسابية لفقرات هذا البعد والمتعلقة بالقدرة على التكيف مع البيئة قد تراوحت ما بين (3.90) للفقرة (36) التي احتلت الرتبة الأخيرة و(4.28) للفقرة (37) التي احتلت الرتبة الأولى وبمتوسط حسابي عام لجميع الفقرات بلغ (4.09)، وهذا يعني أن القدرة على التكيف مع البيئة وفقا لتصورات أفراد مجتمع الدراسة ذات مستوى مرتفع، وعلى جميع الفقرات.

خامسا: تصورات أفراد مجتمع الدراسة لتقديم الخدمات بجودة عالية:

استخرجت المتوسطات الحسابية والانحرافات المعيارية لتصورات أفراد مجتمع الدراسة على فقرات متغير تقديم الخدمات بجودة عالية، والجدول (15) يبين ذلك.

جدول رقم (15): المتوسطات الحسابية والانحرافات المعيارية لإجابات أفراد مجتمع الدراسة عن فقرات متغير تقديم الخدمات بجودة عالية مرتبة تنازليا

مستوى تقديم الخدمات بجودة عالية	الانحراف المعياري	المتوسط الحسابي	الفقرة	رقم الفقرة	الرتبة
مرتفع	0.55	4.26	امتلك المقدرة على معالجة الأزمات التي تواجهني أثناء العمل.	40	1
مرتفع	0.50	4.23	أحافظ على المرونة الكافية في إدارة عملي.	39	2
مرتفع	0.80	3.84	تخضع خدمات الأمانة لاختبارات دورية للتحقق من جودة الخدمات .	38	3
مرتفع	0.47	4.11	الكلــــي		

يظهر من الجدول (15) أن المتوسطات الحسابية لفقرات هذا البعد والمتعلقة بتقديم الخدمات بجودة عالية قد تراوحت ما بين (3.84) للفقرة

- 98 -

(38) التي احتلت الرتبـة الأخـيرة و(4.26) للفقـرة (40) التـي احتلـت الرتبة الأولى وبمتوسط حسابي عام لجميع الفقرات بلغ (4.11)، وهذا يعني أن تقديم الخدمات بجـودة عاليـة وفقـا لتصـورات أفـراد مجتمـع الدراسـة ذات مستوى مرتفع، وعلى جميع الفقرات.

4-2 اختبار فرضيات الدراسة

4-2-1 الفرضية الرئيسة الأولى

وتنص على أنه: لا يوجـد أثـر ذو دلالـة إحصائية عنـد مسـتوى دلالـة (0.05≥α) للتمكين بأبعاده (العمـل الجماعـي، وتطـوير الشخصية، والتقليد والمحاكاة، والسلوك الإبداعي، وتفويض السلطة، والتحفيز الذاتي) على فاعليـة أمانة عـمان الكبرى بأبعادهـا (تحديـد المشـكلة، وتقيـيم البـدائل وتطويرهـا، وتحقيق الأهداف، والقدرة على التكيف مع البيئة، وتقديم الخدمات بجـودة عالية).

تم استخدام تحليـل الانحـدار المتعـدد للتأكـد مـن صـلاحية النمـوذج لاختبار الفرضية الرئيسة الأولى.

جدول رقم (16): نتائج تحليل الانحدار المتعدد للتأكد من صلاحية النموذج لاختبار الفرضية الرئيسة الأولى

مستوى دلالة F	قيمة F المحسوبة	متوسط المربعات	درجات الحرية	مجموع المربعات	المصدر
0.000*	51.415	4.612	6	27.674	الانحدار
		0.090	290	26.015	الخطأ
			296	53.689	الكلي

* ذات دلالة إحصائية على مستوى الدلالة (α=0.05)

معامل التحديد (R^2) = 0.52

يتبـين مـن معطيـات جـدول (16) ثبـات صـلاحية النمـوذج لاختبـار الفرضية الرئيسة الأولى استنادا إلى ارتفاع قيمة (F) المحسوبة والبالغة

(51.415) بقيمـة احتمالية (0.000) وهـي أقـل مـن مسـتوى دلالـة (α=0.05)، ويتضح من نفس الجدول أن الأبعاد المسـتقلة (العمل الجماعـي، وتطوير الشخصية، والتقليد والمحاكاة، والسلوك الإبـداعي، وتفويض السـلطة، والتحفيز الـذاتي) في هـذا النموذج تفسرـ مـا مقداره (52%) مـن التبـاين في المتغير التابع فاعلية أمانة عمان الكبرى، مـما يـدل عـلى وجـود أثـر ذو دلالة إحصائية للتمكين في فاعلية أمانة عمان الكبرى.

جدول رقم (17): نتائج تحليل الانحدار المتعدد لاختبار أثر الأبعاد المستقلة (العمل الجماعي، وتطوير الشخصية، والتقليد والمحاكاة، والسلوك الإبداعي، وتفويض السلطة، والتحفيز الذاتي) على فاعلية أمانة عمان الكبرى

مستوى دلالة t	قيمة t المحسوبة	Beta	الخطأ المعياري	B	المتغيرات المستقلة
0.764	0.301	0.016	0.042	0.013	العمل الجماعي
*0.002	3.132	0.178	0.045	0.140	تطوير الشخصية
0.137	1.490	0.091	0.039	0.058	التقليد والمحاكاة
*0.000	3.560	0.272	0.047	0.166	السلوك الإبداعي
0.349	0.939	0.068	0.053	0.050	تفويض السلطة
*0.001	3.268	0.226	0.047	0.154	التحفيز الذاتي

● ذات دلالة إحصائية على مستوى الدلالة (α=0.05)

يشير الجدول (17) إلى أن الأبعاد المستقلة (تطوير الشخصية، والسلوك الإبداعي، والتحفيز الذاتي) لها أثر في فاعلية أمانة عمان الكبرى، حيث بلغت قيم (ت) لها (3.132، 3.560، 3.268) على التوالي، بقيم احتمالية بلغت (0.002، 0.000، 0.001) على التوالي وهي أقل من مستوى دلالة (α=0.05)، وهذا معزز بارتفاع قيم معاملات (Beta) لهذه الأبعاد. كما أن الأبعاد المستقلة (العمل الجماعي، والتقليد والمحاكاة، وتفويض السلطة) ليس لها أثر في فاعلية أمانة عمان الكبرى، حيث بلغت قيم (ت) لهم (0.301، 1.490، 0.939) على التوالي، بقيم احتمالية بلغت (0.764، 0.137، 0.349) على التوالي وهي أكبر من مستوى دلالة (α=0.05)، وهذا معزز بانخفاض قيم معاملات (Beta) لهذه الأبعاد.

وبناء على هذه النتائج فإنه لا يوجد أثر ذو دلالة إحصائية للتمكين بأبعاده (العمل الجماعي، والتقليد والمحاكاة، وتفويض السلطة) على فاعلية أمانة عمان الكبرى، ويوجد أثر ذو دلالة إحصائية للتمكين بأبعاده (تطوير الشخصية، والسلوك الإبداعي، والتحفيز الذاتي) على فاعلية أمانة عمان الكبرى.

ويتفرع عن هذه الفرضية، الفرضيات الفرعية الآتية:

4-2-1-1 الفرضية الفرعية الأولى:

وتنص على أنه: لا يوجد أثر ذو دلالة إحصائية عند مستوى دلالة ($\alpha \leq 0.05$) للتمكين بأبعاده (العمل الجماعي، وتطوير الشخصية، والتقليد والمحاكاة، والسلوك الإبداعي، وتفويض السلطة، والتحفيز الذاتي) على تحديد المشكلة في أمانة عمان الكبرى.

تم استخدام تحليل الانحدار المتعدد للتأكد من صلاحية النموذج لاختبار الفرضية الفرعية الأولى.

جدول رقم (18): نتائج تحليل الانحدار المتعدد للتأكد من صلاحية النموذج لاختبار الفرضية الفرعية الأولى

مستوى دلالة F	قيمة F المحسوبة	متوسط المربعات	درجات الحرية	مجموع المربعات	المصدر
*0.000	28.733	5.809	6	34.855	الانحدار
		0.202	290	58.632	الخطأ
			296	93.487	الكلي

* ذات دلالة إحصائية على مستوى الدلالة (0.05=α)

معامل التحديد (R^2) = 0.37

يتبين من معطيات جدول (18) ثبات صلاحية النموذج لاختبار الفرضية الفرعية الأولى استنادا إلى ارتفاع قيمة (F) المحسوبة والبالغة (28.733) بقيمة احتمالية (0.000) وهي أقل من مستوى دلالة (0.05=α)، ويتضح من نفس الجدول أن الأبعاد المستقلة (العمل الجماعي، وتطوير الشخصية، والتقليد والمحاكاة، والسلوك الإبداعي، وتفويض السلطة، والتحفيز الذاتي) في هذا النموذج تفسر ما مقداره (37%) من التباين في المتغير التابع تحديد المشكلة في أمانة عمان الكبرى ، مما يدل على وجود أثر ذو دلالة إحصائية للتمكين في تحديد المشكلة في أمانة عمان الكبرى.

جدول رقم (19): نتائج تحليل الانحدار المتعدد لاختبار أثر الأبعاد المستقلة (العمل الجماعي، وتطوير الشخصية، والتقليد والمحاكاة، والسلوك الإبداعي، وتفويض السلطة، والتحفيز الذاتي) على تحديد المشكلة في أمانة عمان الكبرى

مستوى دلالة t	قيمة t المحسوبة	Beta	الخطأ المعياري	B	المتغيرات المستقلة
0.970	0.037-	0.002-	0.063	0.002-	العمل الجماعي
0.111	1.600	0.104	0.067	0.107	تطوير الشخصية
0.055	1.929	0.134	0.059	0.113	التقليد والمحاكاة
0.030*	2.175	0.189	0.070	0.153	السلوك الإبداعي
0.261	1.127	0.093	0.080	0.090	تفويض السلطة
0.012*	2.540	0.199	0.071	0.180	التحفيز الذاتي

● ذات دلالة إحصائية على مستوى الدلالة (α=0.05)

يشير الجدول (19) إلى أن البعدين المستقلين (السلوك الإبداعي، والتحفيز الذاتي) لهما أثر في تحديد المشكلة في أمانة عمان الكبرى، حيث بلغت قيم (ت) لهما (2.175، 2.540) على التوالي، بقيم احتمالية بلغت (0.030، 0.012) على التوالي وهي أقل من مستوى دلالة (α=0.05)، وهذا معزز بارتفاع قيم معاملات (Beta) لهذين البعدين. كما أن الأبعاد المستقلة (العمل الجماعي، وتطوير الشخصية، والتقليد والمحاكاة، وتفويض السلطة) ليس لها أثر في تحديد المشكلة في أمانة عمان الكبرى، حيث بلغت قيم

(ت) لهم (0.037-، 1.600، 1.929، 1.127) على التوالي، بقيم احتماليـة بلغت (0.970، 0.111، 0.055، 0.261) علـى التـوالي وهـي أكبر مـن مسـتوى دلالة (α=0.05)، وهذا معزز بانخفاض قيم معاملات (Beta) لهذه الأبعاد.

وبناء على هذه النتائج فإنه لا يوجد أثر ذو دلالة إحصائية للتمكين بأبعاده (العمل الجماعـي، وتطوير الشخصية، والتقليد والمحاكـاة، وتفـويض السلطة) على تحديد المشكلة في أمانة عمان الكبرى، ويوجد أثر ذو دلالة إحصائية للتمكين بأبعاده (السـلوك الإبـداعي، والتحفيـز الـذاتي) علـى تحديـد المشكلة في أمانة عمان الكبرى.

4-2-1-2 الفرضية الفرعية الثانية:

وتنص على أنه: لا يوجـد أثر ذو دلالـة إحصـائية عنـد مسـتوى دلالـة (0.05≥α) للتمكين بأبعاده (العمـل الجماعـي، وتطـوير الشخصـية، والتقليـد والمحاكاة، والسلوك الإبداعي، وتفويض السلطة، والتحفيز الـذاتي) علـى تقيـيم البدائل وتطويرها في أمانة عمان الكبرى.

تم استخدام تحليل التباين للانحدار (Analysis of Variance) للتأكد من صلاحية النموذج لاختبار الفرضية الفرعية الثانية.

جدول رقم (20): نتائج تحليل الانحدار المتعدد للتأكد من صلاحية النموذج لاختبار الفرضية الفرعية الثانية

مستوى دلالة F	قيمة F المحسوبة	متوسط المربعات	درجات الحرية	مجموع المربعات	المصدر
*0.000	35.549	5.948	6	35.689	الانحدار
		0.167	290	48.524	الخطأ
			296	84.213	الكلي

* ذات دلالة إحصائية على مستوى الدلالة (α=0.05)

معامل التحديد (R^2) = 0.42

يتبين من معطيات جدول (20) ثبات صلاحية النموذج لاختبار الفرضية الفرعية الثانية استنادا إلى ارتفاع قيمة (F) المحسوبة والبالغة (35.549) بقيمة احتمالية (0.000) وهي أقل من مستوى دلالة (α=0.05)، ويتضح من نفس الجدول أن الأبعاد المستقلة (العمل الجماعي، وتطوير الشخصية، والتقليد والمحاكاة، والسلوك الإبداعي، وتفويض السلطة، والتحفيز الذاتي) في هذا النموذج تفسر ما مقداره (42%) من التباين في المتغير التابع تقييم البدائل وتطويرها في أمانة عمان الكبرى، مما يدل على وجود أثر ذو دلالة إحصائية للتمكين في تقييم البدائل وتطويرها في أمانة عمان الكبرى.

جدول رقم (21): نتائج تحليل الانحدار المتعدد لاختبار أثر الأبعاد المستقلة (العمل الجماعي، وتطوير الشخصية، والتقليد والمحاكاة، والسلوك الإبداعي، وتفويض السلطة، والتحفيز الذاتي) على تقييم البدائل وتطويرها في أمانة عمان الكبرى

مستوى دلالة t	قيمة t المحسوبة	Beta	الخطأ المعياري	B	المتغيرات المستقلة
0.060	1.888	0.112	0.057	0.108	العمل الجماعي
0.063	1.865	0.116	0.061	0.113	تطوير الشخصية
*0.009	2.618	0.175	0.053	0.140	التقليد والمحاكاة
*0.037	2.094	0.174	0.064	0.134	السلوك الإبداعي
0.722	0.356-	0.028-	0.072	0.026-	تفويض السلطة
*0.001	3.211	0.242	0.064	0.207	التحفيز الذاتي

● ذات دلالة إحصائية على مستوى الدلالة (α=0.05)

يشير الجدول (21) إلى أن الأبعاد المستقلة (التقليد والمحاكاة، والسلوك الإبداعي، والتحفيز الذاتي) لها أثر في تقييم البدائل وتطويرها في أمانة عمان الكبرى، حيث بلغت قيم (ت) لها (2.618، 2.094، 3.211) على التوالي، بقيم احتمالية بلغت (0.009، 0.037، 0.001) على التوالي وهي أقل من مستوى دلالة (α=0.05)، وهذا معزز بارتفاع قيم معاملات (Beta) لهذه الأبعاد. كما أن الأبعاد المستقلة (العمل الجماعي، وتطوير الشخصية، وتفويض السلطة) ليس لها أثر في تقييم البدائل وتطويرها في أمانة عمان

الكـبرى، حيـث بلغـت قـيم (ت) لهـم (1.888، 1.865، 0.356-) عـلى التوالي، بقيم احتمالية بلغت (0.060، 0.063، 0.722) عـلى التـوالي وهـي أكـبر من مستوى دلالة (α=0.05)، وهـذا معـزز بانخفـاض قـيم معـاملات (Beta) لهذه الأبعاد.

وبناء على هذه النتائج فإنه لا يوجد أثـر ذو دلالـة إحصـائية للتمكـين بأبعاده (العمل الجماعي، وتطوير الشخصية، وتفـويض السـلطة) عـلى تقيـيم البـدائل وتطويرهـا في أمانـة عـمان الكـبرى، ويوجـد أثـر ذو دلالـة إحصـائية للتمكين بأبعاده (التقليد والمحاكاة، والسلوك الإبداعي، والتحفيـز الـذاتي) عـل تقييم البدائل وتطويرها في أمانة عمان الكبرى.

4_2_1_3 الفرضية الفرعية الثالثة:

وتنص على أنه: لا يوجـد أثـر ذو دلالـة إحصـائية عنـد مسـتوى دلالـة (α≤0.05) للتمكين بأبعاده (العمـل الجماعـي، وتطـوير الشخصـية، والتقليـد والمحاكاة، والسلوك الإبداعي، وتفويض السلطة، والتحفيز الذاتي) عـلى تحقيـق أهداف أمانة عمان الكبرى.

وتـم اسـتخدام تحليـل التبـاين للانحـدار (Analysis of Variance) للتأكد من صلاحية النموذج لاختبار الفرضية الفرعية الثالثة.

جدول رقم (22): نتائج تحليل الانحدار المتعدد للتأكد من صلاحية النموذج لاختبار الفرضية الفرعية الثالثة

المصدر	مجموع المربعات	درجات الحرية	متوسط المربعات	قيمة F المحسوبة	مستوى دلالة F
الانحدار	32.427	6	5.405	27.696	*0.000
الخطأ	56.589	290	0.195		
الكلي	89.016	296			

*** ذات دلالة إحصائية على مستوى الدلالة (α=0.05)**

معامل التحديد (R^2) = 0.36

يتبين من معطيات جدول (22) ثبات صلاحية النموذج لاختبار الفرضية الفرعية الثالثة استنادا إلى ارتفاع قيمة (F) المحسوبة والبالغة (27.696) بقيمة احتمالية (0.000) وهي أقل من مستوى دلالة (α=0.05)، ويتضح من نفس الجدول أن الأبعاد المستقلة (العمل الجماعي، وتطوير الشخصية، والتقليد والمحاكاة، والسلوك الإبداعي، وتفويض السلطة، والتحفيز الذاتي) في هذا النموذج تفسر ما مقداره (36%) من التباين في المتغير التابع تحقيق أهداف أمانة عمان الكبرى، مما يدل على وجود أثر ذو دلالة إحصائية للتمكين في تحقيق أهداف أمانة عمان الكبرى.

جدول رقم (23): نتائج تحليل الانحدار المتعدد لاختبار أثر الأبعاد المستقلة (العمل الجماعي، وتطوير الشخصية، والتقليد والمحاكاة، والسلوك الإبداعي، وتفويض السلطة، والتحفيز الذاتي) على تحقيق أهداف أمانة عمان الكبرى

مستوى دلالة t	قيمة t المحسوبة	Beta	الخطأ المعياري	B	المتغيرات المستقلة
0.637	-0.472	-0.029	0.062	-0.029	العمل الجماعي
0.113	1.589	0.104	0.066	0.104	تطوير الشخصية
0.041*	2.050	0.144	0.058	0.118	التقليد والمحاكاه
0.079	1.765	0.154	0.069	0.122	السلوك الإبداعي
0.142	1.474	0.122	0.078	0.115	تفويض السلطة
0.010*	2.609	0.206	0.069	0.181	التحفيز الذاتي

* ذات دلالة إحصائية على مستوى الدلالة ($\alpha = 0.05$)

يشير الجـدول (23) إلى أن البعديـن المسـتقلين (التقليـد والمحاكـاة، والتحفيز الذاتي) لهما أثر في تحقيق أهداف أمانة عمان الكبرى، حيث بلغت قيم (ت) لهـما (2.050، 2.609) علـى التوالي، بقيم احتمالية بلغـت (0.041، 0.010) على التوالي وهـي أقـل مـن مسـتوى دلالـة ($\alpha = 0.05$)، وهـذا معـزز بارتفاع قيم معاملات (Beta) لهذين البعدين. كما أن الأبعاد المستقلة (العمل الجماعي، وتطوير الشخصية، والسلوك الإبداعي، وتفويض السلطة) ليس لها أثر في تحقيق أهداف أمانة عمان الكبرى، حيث بلغت قيم (ت) لهم (-0.472، 1.589، 1.765، 1.474) علـى التوالي، بقيم احتماليـة بلغـت (0.637، 0.113، 0.079، 0.142) على التوالي وهي أكبر من

من مستوى دلالة (α=0.05)، وهذا معزز بانخفاض قيم معاملات (Beta) لهذه الأبعاد.

وبناء على هذه النتائج فإنه لا يوجد أثر ذو دلالة إحصائية للتمكين بأبعاده (العمل الجماعي، وتطوير الشخصية، والسلوك الإبداعي، وتفويض السلطة) على تحقيق أهداف أمانة عمان الكبرى، ويوجد أثر ذو دلالة إحصائية للتمكين بأبعاده (التقليد والمحاكاة، والتحفيز الذاتي) على تحقيق أهداف أمانة عمان الكبرى.

4-2-1-4 الفرضية الفرعية الرابعة:

وتنص على أنه: لا يوجد أثر ذو دلالة إحصائية عند مستوى دلالة ($\alpha \leq 0.05$) للتمكين بأبعاده (العمل الجماعي، وتطوير الشخصية، والتقليد والمحاكاة، والسلوك الإبداعي، وتفويض السلطة، والتحفيز الذاتي) على القدرة على التكيف مع البيئة في أمانة عمان الكبرى.

وتم استخدام تحليل الانحدار المتعدد للتأكد من صلاحية النموذج لاختبار الفرضية الفرعية الرابعة.

جدول رقم (24) نتائج تحليل الانحدار المتعدد للتأكد من صلاحية النموذج لاختبار الفرضية الفرعية الرابعة

المصدر	مجموع المربعات	درجات الحرية	متوسط المربعات	قيمة F المحسوبة	مستوى دلالة F
الانحدار	27.750	6	4.625	43.129	*0.000
الخطأ	31.099	290	0.107		
الكلي	58.849	296			

*** ذات دلالة إحصائية على مستوى الدلالة (α=0.05)**

معامل التحديد (R^2) = 0.47

ويتبين من معطيات جدول (24) ثبات صلاحية النموذج لاختبار الفرضية الفرعية الرابعة استنادا إلى ارتفاع قيمة (F) المحسوبة والبالغة (43.129) بقيمة احتمالية (0.000) وهي أقل من مستوى دلالة (α=0.05)، ويتضح من نفس الجدول أن الأبعاد المستقلة (العمل الجماعي، وتطوير الشخصية، والتقليد والمحاكاة، والسلوك الإبداعي، وتفويض السلطة، والتحفيز الذاتي) في هذا النموذج تفسر ما مقداره (47%) من التباين في المتغير التابع القدرة على التكيف مع البيئة في أمانة عمان الكبرى، مما يدل على وجود أثر ذو دلالة إحصائية للتمكين في القدرة على التكيف مع البيئة في أمانة عمان الكبرى.

جدول رقم (25): نتائج تحليل الانحدار المتعدد لاختبار أثر الأبعاد المستقلة (العمل الجماعي، وتطوير الشخصية، والتقليد والمحاكاة، والسلوك الإبداعي، وتفويض السلطة، والتحفيز الذاتي) على القدرة على التكيف مع البيئة في أمانة عمان الكبرى

مستوى دلالة t	قيمة t المحسوبة	Beta	الخطأ المعياري	B	المتغيرات المستقلة
0.182	-1.337	-0.076	0.046	-0.061	العمل الجماعي
*0.001	3.367	0.200	0.049	0.164	تطوير الشخصية
0.487	-0.696	-0.044	0.043	-0.030	التقليد والمحاكاة
*0.000	4.489	0.358	0.051	0.229	السلوك الإبداعي
0.506	0.665	0.050	0.058	0.039	تفويض السلطة
*0.000	3.796	0.274	0.051	0.195	التحفيز الذاتي

* ذات دلالة إحصائية على مستوى الدلالة (α=0.05)

يشير الجدول (25) إلى أن الأبعاد المستقلة (تطوير الشخصية، والسلوك الإبداعي، والتحفيز الذاتي) لها أثر في القدرة على التكيف مع البيئة في أمانة عمان الكبرى، حيث بلغت قيم (ت) لها (3.367، 4.489، 3.796) على التوالي، بقيم احتمالية بلغت (0.001، 0.000، 0.000) على التوالي وهي أقل من مستوى دلالة (α=0.05)، وهذا معزز بارتفاع قيم معاملات (Beta) لهذه الأبعاد. كما أن الأبعاد المستقلة (العمل الجماعي، والتقليد والمحاكاة، وتفويض السلطة) ليس لها أثر في القدرة على التكيف مع البيئة في أمانة عمان الكبرى، حيث بلغت قيم (ت) لهم (1.337-، 0.696-، 0.665) على التوالي، بقيم احتمالية بلغت (0.182، 0.487، 0.506) على التوالي وهي أكبر من مستوى دلالة (α=0.05)، وهذا معزز بانخفاض قيم معاملات (Beta) لهذه الأبعاد.

وبناء على هذه النتائج فإنه لا يوجد أثر ذو دلالة إحصائية للتمكين بأبعاده (العمل الجماعي، والتقليد والمحاكاة، وتفويض السلطة) على القدرة على التكيف مع البيئة في أمانة عمان الكبرى، ويوجد أثر ذو دلالة إحصائية للتمكين بأبعاده (تطوير الشخصية، والسلوك الإبداعي، والتحفيز الذاتي) على القدرة على التكيف مع البيئة في أمانة عمان الكبرى.

5-1-2-4 الفرضية الفرعية الخامسة:

وتنص على أنه: لا يوجد أثر ذو دلالة إحصائية عند مستوى دلالة (α≤0.05) للتمكين بأبعاده (العمل الجماعي، وتطوير الشخصية، والتقليد والمحاكاة، والسلوك الإبداعي، وتفويض السلطة، والتحفيز الذاتي) على تقديم الخدمات بجودة عالية في أمانة عمان الكبرى.

تم استخدام تحليل الانحدار المتعدد للتأكد من صلاحية النموذج لاختبار الفرضية الفرعية الخامسة.

جدول رقم (26): نتائج تحليل الانحدار المتعدد للتأكد من صلاحية النموذج لاختبار الفرضية الفرعية الخامسة

مستوى دلالة F	قيمة F المحسوبة	متوسط المربعات	درجات الحرية	مجموع المربعات	المصدر
0.000*	12.752	2.285	6	13.708	الانحدار
		0.179	290	51.955	الخطأ
			296	65.663	الكلي

* ذات دلالة إحصائية على مستوى الدلالة (α=0.05)

معامل التحديد (R^2) = 0.21

يتبين من معطيات جدول (26) ثبات صلاحية النموذج لاختبار الفرضية الفرعية الخامسة استنادا إلى ارتفاع قيمة (F) المحسوبة والبالغة (12.752) بقيمة احتمالية (0.000) وهي أقل من مستوى دلالة (α=0.05)، ويتضح من نفس الجدول أن الأبعاد المستقلة (العمل الجماعي، وتطوير الشخصية، والتقليد والمحاكاة، والسلوك الإبداعي، وتفويض السلطة، والتحفيز الذاتي) في هذا النموذج تفسر ما مقداره (21%) من التباين في المتغير التابع تقديم الخدمات بجودة عالية في أمانة عمان الكبرى، مما يدل على وجود أثر ذي دلالة إحصائية للتمكين في تقديم الخدمات بجودة عالية في أمانة عمان الكبرى.

جدول رقم (27): نتائج تحليل الانحدار المتعدد لاختبار أثر الأبعاد المستقلة (العمل الجماعي، وتطوير الشخصية، والتقليد والمحاكاة، والسلوك الإبداعي، وتفويض السلطة، والتحفيز الذاتي) على تقديم الخدمات بجودة عالية في أمانة عمان الكبرى

مستوى دلالة t	قيمة t المحسوبة	Beta	الخطأ المعياري	B	المتغيرات المستقلة
0.765	0.299	0.021	0.059	0.018	العمل الجماعي
*0.001	3.476	0.253	0.063	0.219	تطوير الشخصية
0.165	-1.392	-0.109	0.055	-0.077	التقليد والمحاكاة
*0.002	3.113	0.303	0.066	0.206	السلوك الإبداعي
0.306	1.025	0.095	0.075	0.077	تفويض السلطة
0.521	-0.642	-0.057	0.067	-0.043	التحفيز الذاتي

* ذات دلالة إحصائية على مستوى الدلالة (α=0.05)

يشير الجدول (27) إلى أن البعدين المستقلين (تطوير الشخصية، والسلوك الإبداعي) لهما أثر في تقديم الخدمات بجودة عالية في أمانة عمان الكبرى، حيث بلغت قيم (ت) لهما (3.476، 3.113) على التوالي، بقيم احتمالية بلغت (0.001، 0.002) على التوالي وهي أقل من مستوى دلالة (α=0.05)، وهذا معزز بارتفاع قيم معاملات (Beta) لهذين البعدين. كما أن الأبعاد المستقلة (العمل الجماعي، والتقليد والمحاكاة، وتفويض السلطة،والتحفيز الذاتي) ليس لها أثر في تقديم الخدمات بجودة عالية في أمانة

عمان الكبرى، حيث بلغت قيم (ت) لهم (0.299، 1.392-، 1.025، 0.642-) على التوالي، بقيم احتمالية بلغت (0.765، 0.165، 0.306، 0.521) على التوالي وهي أكبر من مستوى دلالة (α=0.05)، وهذا معزز بانخفاض قيم معاملات (Beta) لهذه الأبعاد.

وبناء على هذه النتائج فإنه لا يوجد أثر ذو دلالة إحصائية للتمكين بأبعاده (العمل الجماعي، والتقليد والمحاكاة، ، وتفويض السلطة,والتحفيز الذاتي) على تقديم الخدمات بجودة عالية في أمانة عمان الكبرى، ويوجد أثر ذو دلالة إحصائية للتمكين بأبعاده (تطوير الشخصية، والسلوك الإبداعي) على تقديم الخدمات بجودة عالية في أمانة عمان الكبرى.

4-2-2 الفرضية الرئيسة الثانية:

وتنص على:أنه لا توجد فروق ذات دلالة إحصائية مستوى دلالة ($0.05 \geq \alpha$) في مستوى التمكين في أمانة عمان الكبرى تعزى للمتغيرات الديموغرافية (الجنس، العمر، المؤهل العلمي، الخبرة).

جدول (28): نتائج التباين الأحادي للفروق في مستوى التمكين في أمانة عمان الكبرى وفقا للمتغيرات الديموغرافية (الجنس، العمر، المؤهل العلمي، الخبرة)

مستوى دلالة F	قيمة F المحسوبة	الانحراف المعياري	المتوسط الحسابي	فئات المتغير	المتغير
0.151	2.072	0.53	3.81	ذكر	الجنس
		0.38	3.90	أنثى	
*0.008	3.508	0.27	4.05	25 سنة فأقل	العمر
		0.51	3.91	من 26 الى 35 سنة	
		0.51	3.77	من 36 الى 45 سنة	
		0.47	3.70	من 46 الى 55 سنة	
		0.56	3.95	56 سنة فأكثر	
0.099	2.113	0.43	3.77	دبلوم متوسط	المؤهل
		0.49	3.81	بكالوريوس	العلمي

		0.64	4.02	ماجستير	
		0.11	4.14	دكتوراه	
*0.035	2.622	0.40	3.91	5 سنوات فأقل	الخبرة
		0.45	3.95	من 6 إلى 10 سنوات	
		0.52	3.79	من 11 الى 15 سنة	
		0.50	3.72	من 16 الى 20 سنة	
		0.55	3.74	21 سنة فأكثر	

* ذات دلالة إحصائية على مستوى الدلالة (α=0.05)

تبين النتائج الإحصائية في الجدول (28) عدم وجود فروق ذات دلالة إحصائية في مستوى التمكين في أمانة عمان الكبرى تعزى للمتغيرات الديموغرافية (الجنس، المؤهل العلمي)، حيث بلغت قيمة (F) المحسوبة للجنس (2.072)، وللمؤهل العلمي (2.113)، وبقيم احتمالية (0.151، 0.099) على التوالي، وهي أكبر من مستوى دلالة (α=0.05).

وتشير النتائج كذلك إلى وجود فروق ذات دلالة إحصائية في مستوى التمكين في أمانة عمان الكبرى تعزى للمتغيرات الديموغرافية (العمر، الخبرة)، حيث بلغت قيمة (F) المحسوبة للعمر (3.508)، وللخبرة (2.622)، وبقيم احتمالية (0.008، 0.035) على التوالي، وهي أقل من مستوى دلالة

(α=0.05)، ولتحديد اتجاه هذه الفروق استخدم اختبار شيفيه للمقارنات البعدية، ويبين الجدول (29) نتائج الاختبار.

الجدول (29)

نتائج اختبار شيفيه للفروق في للفروق في مستوى التمكين في أمانة عمان الكبرى وفقا للمتغيرات الديموغرافية (الجنس، العمر، المؤهل العلمي، الخبرة)

المتغير	المتوسطات الحسابية	25 سنة فأقل (4.05)	35-26 (3.91)	من 36-45 (3.77)	من 46-55 (3.70)	56 سنة فأكثر (3.95)
العمر	25 سنة فأقل (4.05)	-	0.14	*0.28	*0.35	0.10
	35-26 سنة (3.91)		-	*0.14	*0.21	0.04
	من 36-45 سنة (3.77)			-	0.07	0.18
	من 46-55 سنة (3.70)				-	0.25
	56 سنة فأكثر (3.95)					-
	المتوسطات	5 سنوات	10-6	15-11	20-16	21 سنة فأكثر

	الحسابية	فأقل (3.91)	(3.95)	(3.79)	(3.72)	(3.74)
	5 سنوات فأقل (3.91)	-	0.04	0.12	0.19	0.17
	10-6 (3.95)		-	*0.16	*0.23	*0.21
الخبرة	15-11 (3.79)			-	0.07	0.05
	20-16 (3.72)				-	0.02
	21 سنة فاكثر (3.74)					-

- **ذات دلالة إحصائية عند مستوى الدلالة ($\alpha \leq 0.05$)**

يتبين من النتائج الواردة في الجدول (29) أن مستوى التمكـين في أمانـة عمان الكبرى وفقا لتصورات أفراد مجتمع الدراسة الذين كانت أعمارهم (25) سنة فاقل أعلى من زملائهم الذين تراوحت أعمارهم ما بين (36-55) سنة، كما أن مستوى التمكين في أمانة عمان الكبرى وفقا لتصورات أفراد مجتمع الدراسة الذين تراوحت أعمارهم ما بين(26-35) سنة أعلى من زملائهم الذين تراوحت أعمارهم ما بين (36-55) سنة.

ويشير الجدول كذلك إلى أن مستوى التمكين في أمانة عمان الكبرى وفقا لتصورات أفراد مجتمع الدراسة الذين يتمتعون بخبرة (6-10) سنوات أعلى من زملائهم الذين يتمتعون بخبرة (11) سنة فأكثر.

4_2_3 الفرضية الرئيسة الثالثة: لا توجد فروق ذات دلالة إحصائية مستوى دلالة ($\alpha \geq 0.05$) في مستوى فاعلية أمانة عمان الكبرى تعزى للمتغيرات الديموغرافية (الجنس، العمر، المؤهل العلمي، الخبرة).

جدول (30): نتائج التباين الأحادي للفروق في مستوى فاعلية أمانة عمان الكبرى وفقا للمتغيرات الديموغرافية (الجنس، العمر، المؤهل العلمي، الخبرة)

المتغير	فئات المتغير	المتوسط الحسابي	الانحراف المعياري	قيمة F المحسوبة	مستوى دلالة F
الجنس	ذكر	3.99	0.46	0.501	0.480
	أنثى	3.94	0.32		
العمر	25 سنة فأقل	4.05	0.30	0.282	0.890
	من 26 إلى 35 سنة	3.95	0.44		
	من 36 إلى 45 سنة	3.97	0.44		
	من 46 إلى 55 سنة	4.00	0.42		
	56 سنة فأكثر	4.00	0.57		
المؤهل العلمي	دبلوم متوسط	3.89	0.38	1.368	0.253
	بكالوريوس	3.99	0.43		

	ماجستير	4.07	0.53		
	دكتوراه	4.08	0.29		
الخبرة	5 سنوات فأقل	3.96	0.44	0.891	0.470
	من 6 إلى 10 سنوات	4.00	0.43		
	من 11 إلى 15 سنة	3.91	0.41		
	من 16 إلى 20 سنة	4.04	0.46		
	21 سنة فأكثر	3.99	0.41		

تبين النتائج الإحصائية في الجدول (30) عدم وجود فروق ذات دلالة إحصائية في مستوى فاعلية أمانة عمان الكبرى تعزى للمتغيرات الديموغرافية (الجنس، العمر، المؤهل العلمي، الخبرة)، حيث بلغت قيمة (F) المحسوبة للجنس (0.501)، وللعمر (0.282)، وللمؤهل العلمي (1.368)، وللخبرة (0.891)، وبقيم احتمالية (0.480، 0.890، 0.253، 0.470) على التوالي، وهي أكبر من مستوى دلالة (α=0.05).

المراجع

أولا: المراجع العربية:

أفندي، عطية حسين، (2003)، **تمكين العاملين: مدخل للتحسين والتطوير المستمر،** (ط1)، القاهرة: المنظمة العربية للتنمية الإدارية.

أندراوس، رامي (2006). **درجة ممارسة مفاهيم الثقة والتمكين لدى القيادات الأكاديمية في الجامعات الأردنية الرسمية،** أطروحة دكتوراه غير منشورة، الجامعة الأردنية، عمان، الأردن.

الحراحشة، محمد والهيتي، صلاح، (2006)، أثر التمكين الإداري والدعم التنظيمي في السلوك الإبداعي كما يراه العاملون في شركة الاتصالات الأردنية، **دراسات العلوم الإدارية،** الجامعة الأردنية، 33 (2)، 240- 266.

الخاجة، فاطمة عبد الحميد، (2006)، **أثر المناخ التنظيمي على تمكين العاملين،** دراسة تطبيقية على أجهزة الحكومة الاتحادية بدولة الإمارات العربية المتحدة، أطروحة دكتوراه غير منشورة، جامعة القاهرة: القاهرة.

خطاب، عايدة (2001)، **العواملة ومشكلات إدارة الموارد البشرية،** القاهرة: دار الفكر العربي.

السالم، مؤيد سعيد (2005). **نظرية المنظمة: الهيكل والتصميم.** دار وائل للنشر، الطبعة الثانية، عمان، الأردن.

الشماع، خليل وحمود، خضير (2007) **نظرية المنظمة**، عمان: دار المسيرة للنشر والتوزيع.

الشوابكة، زينب (2007). **درجة مقاومة التغيير التنظيمي لدى القادة الإداريين في مديريات**

التربية والتعليم في الأردن وعلاقتها بالفاعلية التنظيمية، أطروحة دكتوراه غير منشورة، جامعة عمان العربية للدراسات العليا: عمان، الأردن.

الضمور، صفاء (2008). **العوامل المؤثرة على التمكين الإداري: دراسة حالة، مراكز الوزارات الأردنية**، رسالة ماجستير غير منشورة: عمان، الأردن.

عارف، عالية عبد الحميد، (2003)، **تمكين العاملين متطلبات في المنظمات المصرية**، أطروحة دكتوراه غير منشورة، جامعة القاهرة: القاهرة.

العبيدين، بثينة زياد، (2004)، **العلاقة بين التمكين الإدارة وخصائص الوظيفة في كل من شركة مصانع الأسمنت الأردنية ومؤسسة الموانئ الأردنية**، رسالة ماجستير غير منشورة، جامعة مؤتة: الكرك، الأردن.

العتيبي، سعد بن مرزوق (2004) **تمكين العاملين: كإستراتيجية للتطوير الإداري**، الاجتماع الإقليمي الثاني عشر للشبكة لإدارة وتنمية الموارد البشرية، مسقط، سلطنة عمان، 11-13.

الفياض، محمود أحمد، (2005) **تمكين العاملين كمدخل إداري وأثره على قدرة التنافسية: دراسة ميدانية**، رسالة دكتوراه غير منشورة، جامعة عمان العربية للدراسات العليا: عمان، الأردن.

مصطفى، سيد، (2004)، **تمكين العاملين: السمات المميزة والمقاييس المؤشرة، المؤتمر العربي الدولي الرابع عشر للتدريب والتنمية الإدارية**، الإدارة بالقياس الطريق إلى منظمة المستقبل، القاهرة، مركز الخبراء العرب في الهندسة والإدارة، 20-22، 4.

ملحم، سليم، (2006)، **التمكين كمفهوم إداري معاصر، ط(1)**، القاهرة: المنظمة العربية للتنمية الإدارية.

الهواري، سيد، (2000)، **النقلة الحضارية الشاملة**، القاهرة: مكتبة عين شمس.

العديلي،ناصر،(2008)،" **التدريب والتنمية البشرية**"، صحيفة الاقتصادية الالكترونية،الاثنين، 2008/9/15م

فتحي،ناصر،(2003)،**إعداد مدير المستقبل**، القاهرة،دار التوزيع والنشر الإسلامية

أبو النصر ،مدحت،(2007)،**إدارة منظمات المجتمع المحلي**، القاهرة،ايتراك للنشر والتوزيع

ثانيا: المراجع الأجنبية:

Argyris, C. (1998). Empowerment: The Emperor Sustainable New Clothes, **Harvard Business Review,** Vol. 21, No. 2, PP. 98-105.

Bennis, W. (1999). The End of Leadership: Exemplary Leadership is Impossible Without Full Inclusion, Initiative, and Cooperation of Followers, **Organizational Dynamics,** Vol. 28, No. 1, PP.   71-80.

Bowen, D. E. and Lawier, E. E. (1995). The Empowerment of Workers: What, Why, How, and When?, **Management Review,** Vol. 12, No. 3, PP. 31-41.

Caudron, S. (1995). Create an Empowerment Environment, Personnel Journal, 74-9.

Chua, Roy, & Lynger, Sheena, S. (006). Empowerment Through Choice? A Critical Analysis of the effects of Choice on Organizations, **Research in Organizational Behavior,** Vol. 27, No. 1,

PP. 41-79.

Cook, Curtis W. & Hunsaker, Phillip L. (2001). **Management and Organizational Behavior,** New York: McGraw-Hill.

Cole,G.A,(1996),Management Theorg and Practice,5th,Aldine Place,London

Dimitriades, Z.S. (2001). **Empowerment in Total Quality:** Designing and Implementing Effective Employee Decision-Making Strategies.

Ergeneli, Azize, Ari, Guler, & Metin, Selin (2006). Psychological Empowerment and Its Relationship to Trust in Immediate managers. Journal of Business Research, Available Online at:

Ford, R. C. and Fottler, M. D. (1995). Empowerment: A Matter of Degree, **Academy of Management Executive,** Vol. 9, No. 3, Pp. 21-9.

Goetsch, David & Stanley, Savis, (2000), **Quality Management: Introduction to Total Quality Management for, Processing, and Services,** 13ed, New Jersey: Prentice Hall.

Goldsmith, Marshal (2005). The Impact of Direct Report Feedback and Follow-Up on Leadership Effectiveness. **Available at:**

http://www.a4sl.com/articles/MGarticletheimpactofdirectreportfeedback andfollow.pdf.

Helms, Marilyn, m. (2005), Defining, Organizational

Effectiveness Downloaded 12-11-2005.Avaibble

Http://www.daltonstate.edu/faculty/mhelms/citizen/2001 10 28 .hotml

Honold, Linda,(1997)"A revew of The Literature on employee empowerment" Empowerment in Organization

Kabeer, Naila, (1999), Resources, Agency, Achievement: Reflection on the Measurement of Woman's Empowerment, **in Development and change** Vol. 30. no. pp

Kizilos, P. (1990), "Crazu about Empowerment" **Training,** Vol. 27, no. 12, pp. 47-56.

Luthans, Fred,(1992), **Organizational Behavior**. 5th ed, New York: McGraw-hill

Spretizer, Gretchen M. (1996). Social structural characteristics of psychological **empowerment. Academy of Management Journal**, 39(2): 483-504.

Sims, David,(1986),Adult education and The Cuallenge of Unemployment, Milton Keynes, England ,Philadelphia.

Mandefrot, Kefyalew (2003). **Empowerment in the New Workplace's A Qualitative Study of Meaning and Experience,** Canadian Association Forth Study of Adult Education-Online Processing.

McArthur, and Ronald, C. (2002). Democratic Leadership and Faculty Empowerment at the Community, **Community College Review,** Vol. 30, No. 3, PP. 1-10.

Moke, E. & Au-Yeung, B. (2002). Relationship Between Organizational Climate and Empowerment of Nurses in Hong Kong. **Nursing Management,** Vol. 10, No. 3, PP. 129-137.

Murrell, K. L. and Meredith, M. (2000). **Empowering Employee.** New York: McGraw-Hill.

Nielsen, J. & Pedersen, C. (2003). The Consequences and Limits of Empowerment in Financial Services, **Scandinavian Journal of**

Management, Vol. 19, No. 1, PP. 63-83.

Osborn, Jane, Shannon (2002). Components of Empowerment and How They Differentially Relate to **Employee Job Satisfaction, Organizational Commitment**, and Intent to Leave the Job, From the World Wide Web: **http://ww.vanderbilt.edu/News//register/Mar25-02/campcal.html**.

Psoinos, A. & Smithson, S. (2002), **Employee Empowerment** in Manufacturing: a Study of Organizations in the UK. New Technology, **Work and Employment**, Vol.17, No.2.p8-15.

Quinn, Robert E and Sendel bach, Neil B. and Spreitzer, Gretchen M. (1998). Education and Empowerment: A Transformational Model of Managerial Skills Development. Available on line: **http://www.Organization/neil/epnet.com**.

Rieth, Terri, L. & Biderman, Michael (2003). **The Relationship Between Organizational effectiveness and Authority Boundary.** Paper Presented at the (18th) Annual Society for Industrial and Organizational Psychology Conference, Orlando, FL.

Robbins, Stephen, p (1993) **Organizational Behavior: Concepts Controversies And Applications**, 6th Edition, Printice-Hall Inc. Englwood, Cliffs, N.J.

Sasiadek, Susan, (2006). **Individual Influence Factors that Impact Employee Empowerment: A Multi-case Study,** Unpublished. Ph.D. Capella University, United States.

Smialek, Mary Ann (1998) Team Empowerment: A Simple and Easy Solution, **Quality Progress**, Vol, 31, Nom 9, Pp.65-71.

Stirr, Thomas, (2003), **Fundamentals of Empowerment**: Available at:

www.4ouncestoheaven.com/fundementals_of_Empowerment_Fi na.Pdf.

Thomas, Kenneth, W., & Veltholuse, Betty, A. (1990). Cognitive Elements of Empowerment: An Interpretative Model of Intrinsic Task Motivation, **Academy of Management Review,** Vol. 15, No. 4, PP. 666-681.

Ugboro, Isaiah, O. & Obeng, Kofi, (2000). Top **Management Leadership, Employees Empowerment**, Job Satisfaction, and Customer Satisfaction in TQM Organizations: An Empirical Study, **Journal** of Quality Management, Vol. 5, No. 2, PP. 17-61.

Ulrey, Dennis, J. (2003). **The Impact of Bureaucracy and Political Influence on Employee Empowerment in the Public Sector.** North Central University, Prescott, Arizona, U. S. A.

Wilkinson, A, Godfrey, G. and Marchington, M. (1997). Bouquets, Brickbats and Blinkers: Total Quality Management and Employee Involvement in Practice, **Organization Studies,** 18 (5): 799-919.

الملحق رقم (د)

خريطة بمناطق أمانة عمان

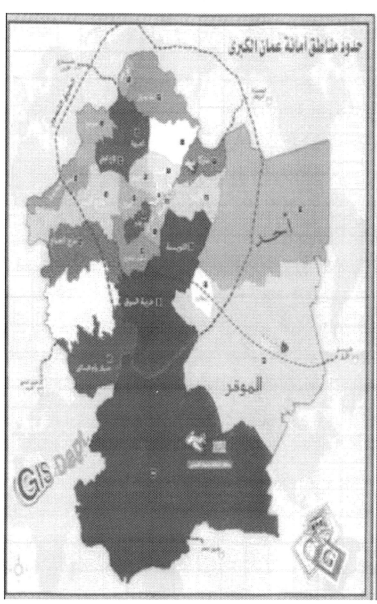

فهرس المحتويات

الفصل الأول
مشكلة الدراسة وأهميتها

الفصل الثاني
الأدب النظري والدراسات السابقة

الفصل الثالث

الطريقة والإجراءات

الفصل الرابع
عرض النتائج

Printed in the United States
By Bookmasters